BEI GRIN MACHT SICH I
WISSEN BEZAHLT

- Wir veröffentlichen Ihre Hausarbeit,
  Bachelor- und Masterarbeit

- Ihr eigenes eBook und Buch -
  weltweit in allen wichtigen Shops

- Verdienen Sie an jedem Verkauf

**Jetzt bei www.GRIN.com hochladen
und kostenlos publizieren**

Bibliografische Information der Deutschen Nationalbibliothek:

Die Deutsche Bibliothek verzeichnet diese Publikation in der Deutschen National-
bibliografie; detaillierte bibliografische Daten sind im Internet über http://dnb.d-
nb.de/ abrufbar.

Dieses Werk sowie alle darin enthaltenen einzelnen Beiträge und Abbildungen
sind urheberrechtlich geschützt. Jede Verwertung, die nicht ausdrücklich vom
Urheberrechtsschutz zugelassen ist, bedarf der vorherigen Zustimmung des Verla-
ges. Das gilt insbesondere für Vervielfältigungen, Bearbeitungen, Übersetzungen,
Mikroverfilmungen, Auswertungen durch Datenbanken und für die Einspeicherung
und Verarbeitung in elektronische Systeme. Alle Rechte, auch die des auszugsweisen
Nachdrucks, der fotomechanischen Wiedergabe (einschließlich Mikrokopie) sowie
der Auswertung durch Datenbanken oder ähnliche Einrichtungen, vorbehalten.

Impressum:

Copyright © 2009 GRIN Verlag, Open Publishing GmbH
Druck und Bindung: Books on Demand GmbH, Norderstedt Germany
ISBN: 9783640582044

Isabella Nassauer

Das Drama "Orpheus steigt herab" von Tennessee Williams

Analyse unter besonderer Berücksichtigung der Figur der Carol Cutrere

GRIN Verlag

GRIN - Your knowledge has value

Der GRIN Verlag publiziert seit 1998 wissenschaftliche Arbeiten von Studenten, Hochschullehrern und anderen Akademikern als eBook und gedrucktes Buch. Die Verlagswebsite www.grin.com ist die ideale Plattform zur Veröffentlichung von Hausarbeiten, Abschlussarbeiten, wissenschaftlichen Aufsätzen, Dissertationen und Fachbüchern.

Besuchen Sie uns im Internet:

http://www.grin.com/

http://www.facebook.com/grincom

http://www.twitter.com/grin_com

Athanor Akademie Burghausen

Abschlussjahrgang 2010

Chiara Isabella Nassauer

Abschlussarbeit in der Fachrichtung Schauspiel

Carol

aus

„Orpheus steigt herab"

von

Tennessee Williams

1

Inhaltsverzeichnis

Vorwort oder Die zweite erste Wahl

Meine erste Auswahl für die Abschlussarbeit im Fach Schauspiel schien perfekt: eine Erläuterung zur Figur der Ellida aus Henrik Ibsens „Die Frau vom Meer". Nachdem ich mich mit Ibsen bereits vor meiner Zeit an der Athanor Akademie beschäftigt hatte, nämlich bei einem Vorsprechen für Regie am Max-Reinhardt-Seminar in Wien, und dabei mit einer Interpretation von Ibsens Werk beispiellos durchgefallen war, erschien es mir nach meinem vierjährigen Studium und der damit verbundenen, weit gestreuten Beschäftigung mit Dramen und Theatergeschichte wie eine Genugtuung, nun eine beispielhafte Arbeit zu Ibsens Person und Arbeit abliefern zu können.

Doch dann rückte Ellida bei der Rollenauswahl ins Abseits, und ich war gezwungen, mein Repertoire nach einem anderen, „aktuelleren" Thema für diese Arbeit zu durchsuchen. Dabei landete ich bei dem Monolog der Carol Cutrere aus „Orpheus steigt herab", einem mir davor völlig unbekannten Stück eines Autors, dessen Name mir zwar ein Begriff war, aber von dem ich so gut wie nichts wusste. Eine frühere Lektüre von „Endstation Sehnsucht" kam mir in den Sinn, diesem Stück mit der verrückten Blanche und dem brutalen Stanley Kowalski, sowie die Verfilmung der „Nacht des Leguan" mit Richard Burton und Ava Gardner, die mich in meinem zwanzigsten Lebensjahr dazu brachte, das Schauspiel noch einmal als eine mögliche Berufswahl ins Auge zu fassen. Doch nach wie vor hatte ich keine Anhaltspunkte zum Autor und seiner Botschaft. Auch war ich mir unsicher, ob der Stil seines Werks nicht zu sehr in seiner Zeit verhaftet sei und ich mir hier ein altbackenes Drama aufhalsen würde. Trotzdem begann ich, das Stück „Orpheus steigt herab" noch einmal aufmerksam zu lesen und etwas über Tennessee Williams als Schriftsteller und Mensch herauszufinden.

Ich wurde nicht enttäuscht. Bei einer erneuten Lektüre zeigte sich das Stück als eine ungemein feine Beobachtung menschlichen Verhaltens und Fühlens, ohne die Abgründe umgehen und verstecken zu wollen. Die Figuren, wie zum Beispiel Carol, sind gefangen in einer feindseligen Gesellschaft, die das Individuum unterdrückt und gewaltsam in eine passendere Form zwängen will, und in sich selbst, in ihren unerfüllten Träumen, Hoffnungen, Ängsten und Schwächen. Diese Probleme kannte ich sehr gut aus meiner früheren Umgebung und eigenen Lebensführung. Der Autor selbst entpuppte sich als äußerst schwieriger und unsteter Charakter: ein Hypochonder, der Kritik nicht vertrug, der in seinen Memoiren mehr von seinen homosexuellen Eroberungen als von seinen Stücken spricht und der jahrelang unter Depressionen und seiner Abhängigkeit von Alkohol und Medikamenten litt. Sowohl dieser Schriftsteller als auch seine Dramenfiguren sind unbequem: sie stellen Fragen, die in der Gesellschaft unerwünscht sind, reißen Wunden auf, die man bei sich selbst schon verheilt glaubte und versuchen egozentrisch, ihre Träume zu verwirklichen – obwohl sie scheitern werden. Doch gerade deshalb haben sie mich für sich eingenommen.

Inzwischen habe ich hinter dem Namen Tennessee Williams nun ein Gesicht und eine spannende Geschichte entdeckt – das Gleiche gilt für seine oft widersprüchlichen Figuren. Ich verstehe beide Parteien immer noch nicht völlig. Und gerade das macht sie für mich so interessant.

A) Der Autor

I) Ein „wunderbares und schreckliches Leben" – Die Biographie von Tennessee Williams

Sichtbar ist für uns Menschen immer nur die Oberfläche eines anderen, und alle Vorstellungen sind Täuschungen, zumal die Ansichten der
Öffentlichkeit über persönliche Geschicke.
Tennessee Williams, „Sommerspiel zu dritt"[1]

Lachen war für mich schon immer ein Ersatz für Klagen (...)
Tennessee Williams, „Memoiren"[2]

Tennessee Williams wurde als Thomas Lanier Williams am 26. März 1911 in Columbus im amerikanischen Bundesstaat Mississippi geboren. Er war das erste von drei Kindern des Ehepaares Cornelius Coffin Williams und Edwina Dakin. Der Vater verdingte sich als Handlungsreisender; sein Sohn beschrieb ihn später als einen Mann mit „einem harten und widerspenstigen Charakter"[3], der dem Alkohol und dem Glücksspiel nicht abgeneigt war. Seine Mutter, die unter einer krankhaften Launenhaftigkeit litt[4], war stolz auf ihre Herkunft aus dem Südstaaten-Mittelstand und ließ ihre Kinder dies durch das Verbot von Freundschaften mit ihr unpassend erscheinenden Kindern und einer Erziehung im Geist, etwas „Besseres" zu sein, spüren. Diese „schmerzliche Konfrontation mit dem unheilvollen Snobismus des Mittelstands"[5] beschrieb Williams später als „traumatische"[5] Auswirkung auf sein Leben und das seiner Schwester Rose, mit der ihn zeitlebens eine enge Beziehung verband – laut Williams „das tiefste Gefühl in unser beider Leben"[6].

Mit 5 Jahren erkrankte er an einer lebensgefährlichen Diphterie, die zu einer zweijährigen Paralyse seiner Beine führte: „Sie [die Krankheit] veränderte mein Wesen ebenso radikal wie meine körperliche Verfassung. (...) Während dieser Periode (...) legte die übergroße Besorgtheit meiner Mutter den Keim zu einem Weichling in mich, sehr zum Missvergnügen meines Vaters. Ich entwickelte mich zu einem völlig aus der Art geschlagenen Mitglied der Familie (...)."[7]

Aufgrund dieses „Versagens" gab sein Vater dem jüngerem Bruder Dakin häufig den Vorzug. Die Mutter hingegen ermunterte ihren Sohn in ihrer Fürsorge zum Lesen und Schreiben eigener Geschichten; als er elf Jahre alt war, schenkte sie ihm eine Schreibmaschine. Interessant ist hierbei die Frage, ob Williams aufgrund des zwiespältigen Verhältnisses zu seiner Mutter auch zum von ihr geförderten Schreiben eher eine Hassliebe entwickelte. Im Bezug auf die Konfrontation mit dem

---

[1] Tennessee Williams: „Sommerspiel zu dritt. Erzählungen", S. 14
[2] Tennessee Williams: „Memoiren", S.9
[3] Tennessee Williams: „Memoiren", S.26
[4] vgl. http://en.wikipedia.org/wiki/Tennessee_williams
[5] Tennessee Williams: „Memoiren", S.28

[6] Tennessee Williams: "Memoiren", S.156
[7] Tennessee Williams: „Memoiren", S.24 f.

Snobismus seiner Mutter hielt er in seinen Memoiren fest: „Etwa um diese Zeit (...) begann ich Geschichten zu schreiben...vielleicht als Kompensation, wer weiß..."[8]
1918 zog die Familie nach St. Louis, ein Ereignis, das Williams nie ganz überwinden sollte, da er sehr unter der Hässlichkeit der Stadt litt[9]. Hier besuchte er die University City High School; mit 16 Jahren wurde seine Erzählung „Die Rache des Nitocris" im „Weird Tales"-Magazin veröffentlicht und ausgezeichnet.

In den Jahren 1929 bis 1931 besuchte er die Universität in Columbia, wo er – nachdem seine „Sandkastenliebe" Hazel seinen Heiratsantrag abgelehnt hatte – erste Erfahrungen mit Homosexualität machte, sowohl in noch harmlosen Annäherungen von Studienkollegen als auch in der radikal ablehnenden Haltung der Studentenverbindungen zu diesem Thema. Williams´ erste Versuche im dramatischen Genre stammen ebenfalls aus dieser Zeit. Mit seiner Prosa und Lyrik gewann er mehrmals Preise, jedoch blieb er wegen häufiger Depressionen der Universität immer öfter fern; auch sprach er inzwischen vermehrt dem Alkohol zu, wohl als Mittel gegen seine chronische Schüchternheit[10]. Schließlich verließ er die Universität ganz und nahm aus finanziellen Gründen einen Job bei einer Schuhfabrik an. Nach einem Herzanfall mit nur 24 Jahren reichte er jedoch seine Kündigung ein, um sich, frei nach Dylan Thomas, dem „trüben Handwerk des Schreibens"[11] voll und ganz zu widmen. Der Herzanfall hatte seine Ahnung einer allgemein schwachen Konstitution bestätigt und Williams´ Hypochondrie gefördert; sein ganzes Leben über glaubte er, an gefährlichen physischen und psychischen Krankheiten zu leiden und nur eine geringe Lebenserwartung zu haben.

Sein erstes Stück „Kairo, Shanghai, Bombay!" wurde im gleichen Jahr von einer kleinen Theatergruppe in Memphis aufgeführt: „Damit hatten das Theater und ich uns ein für allemal auf Gedeih und Verderb gefunden. Das hat mir, wie ich annehme, das Leben gerettet."[12] In diesem Jahr wurde Williams auch sein Interesse am eigenen Geschlecht deutlich bewusst. In den kommenden Jahrzehnten sollten seine sexuelle Orientierung und seine damit einhergehende Promiskuität immer wieder für Skandale, vor allem bei der konservativen Presse, sorgen.
Während eines erneuten Universitätsaufenthaltes, diesmal an der theaterwissenschaftlichen Fakultät in St. Louis, wurde sein zweites Stück „Kerzen in der Sonne" aufgeführt und von der Kritik verrissen – eine Erfahrung, die Williams noch öfter machen sollte. Damit umzugehen lernte er jedoch Zeit seines Lebens nicht: „(...) ich wusste bereits, dass Schreiben mein Leben bedeutete und ein Versagen darin meinen Tod."[13]

---

[8] Tennessee Williams: „Memoiren", S.28
[9] Christian Jauslin: „Williams", S.7
[10] Christian Jauslin: "Williams", S.7f
[11] Tennessee Williams: „Memoiren", S.58
[12] Tennessee Williams: „Memoiren", S.61
[13] Tennessee Williams: „Memoiren", S.64

5

1937 verließ er die Universität in New Orleans, um im darauffolgenden Jahr einen Abschluss an der Universität von Iowa zu machen. Noch im Jahr 1937 kam es allerdings zu einem äußerst dramatischen Ereignis in Williams´ Leben: seine geliebte Schwester Rose, bei der bereits in jungen Jahren eine Schizophrenie diagnostiziert worden war, wurde 1937 in eine Nervenheilanstalt eingewiesen und einer Gehirnoperation unterzogen, um sie „ruhig zu stellen". Dieser Eingriff sollte Rose ihr restliches Leben lang beeinträchtigen. Williams konnte seinen Eltern die Entscheidung zu dieser Operation nie verzeihen und sah zudem im „starren Puritanismus"[14] seiner Mutter den eigentlichen Grund für den Krankheitsausbruch bei Rose. Auch seine Mutter wurde Anfang der fünfziger Jahre kurzzeitig in eine Nervenheilanstalt eingeliefert, wo sie als „paranoid"[15] und „realitätsfremd"[15] eingestuft wurde. Ihrem Sohn sollte ähnliches bevorstehen.

Im Jahr 1939 publizierte Williams zum ersten Mal unter seinem Künstlernamen „Tennessee". Diesen legte er sich als Tribut an seine Vorfahren zu, die aus diesem Staat stammten und dort als Pioniere und Gouverneure berühmt geworden waren: „Auch habe ich [soeben] einer Schwäche aller Südstaatler nachgegeben, nämlich in meinem Stammbaum herumzuklettern."[16]

In dieser Zeit begann Williams auch seine ausgedehnten Reisen durch das In- und Ausland als „wandernder Schriftsteller"[17]; er wechselte häufig seinen Wohnort und die Anstellungen, mit denen er sich sein Schreiben finanzierte. Während dieser Zeit der Wanderung entstand das Stück „Kampf der Engel" – der Vorläufer zu „Orpheus steigt herab". 1940 besuchte er einen „play writing"-Kurs an der New School in New York City, unter der Leitung von Erwin Piscator. Trotz einer darauf folgenden umfangreichen Bearbeitung wurde „Kampf der Engel" nur zwei Wochen nach der Uraufführung wieder abgesetzt. Auch ein durch seine Agentin Audrey Wood vermittelter Vertrag mit den MGM-Studios in Hollywood scheiterte, da seine dort eingereichten, speziell für die Schauspielerinnen Lana Turner und Margaret O´Brien geschriebenen Drehbücher abgelehnt wurden.

Das Schicksal sollte sich erst 1945 mit der Uraufführung des Stückes „Die Glasmenagerie" schlagartig wenden. Innerhalb eines Jahres wurde das Stück 561 mal aufgeführt und gewann zahlreiche Preise. Mit dem unerwarteten Erfolg konnte Williams allerdings auch nur schwer umgehen: „Nach dem Erfolg der Glasmenagerie überkam mich (...) eine tiefe Depression (...). Ich hatte nie gedacht, dass mir der Erfolg treu bleiben würde, sondern fest damit gerechnet, dass ihm der Absturz auf dem Fuße folgen würde."[18] Nach einer kurzzeitigen Rückkehr zu seiner Familie nahm er das rastlose Wanderleben wieder auf und lebte zwischenzeitlich in New Orleans, Mexiko City und auf Nantucket Island, zusammen mit der Schriftstellerin Carson McCullers. Seine Arbeit unterbrach er dabei jedoch

---

[14] Tennessee Williams: „Memoiren", S.155
[15] Tennessee Williams: „Memoiren", S.152

[16] Tennessee Williams: „Memoiren", S.:25
[17] Christian Jauslin: „Williams", S. 9
[18] Tennessee Williams: "Memoiren", S.122

nicht. Mit seinem Drama „Endstation Sehnsucht" schaffte er es 1947, den Erfolg der „Glasmenagerie" zu übertreffen.

Auch privat ging es für Williams bergauf: 1947 lernte er seinen zukünftigen Lebensgefährten Frankie Merlo kennen, mit dem er fast 14 Jahre verbringen sollte. In den kommenden Jahren folgten, neben zwei Reisen nach Europa und der Freundschaft mit bedeutenden Zeitgenossen wie dem Schriftsteller Truman Capote und der Schauspielerin Anna Magnani erfolgreiche Stücke wie „Sommer und Rauch", „Die tätowierte Rose" (eine Liebeserklärung an seinen Partner Merlo und verfilmt mit Anna Magnani, der Williams persönlich das Rollenangebot gemacht hatte) und „Camino Real", welche allerdings auch immer wieder gemischte Kritiken erhielten. Einig schienen sich jedoch die Kritiker im Lob des Stückes „Die Katze auf dem heißen Blechdach", dass 1955 uraufgeführt wurde. Die Verfilmung mit Paul Newman und Elizabeth Taylor wurde ein Kassenschlager, das Stück erhielt – ebenso wie „Endstation Sehnsucht" - den „Pulitzer Price for Drama". Williams´ Karriere hatte ihren Höhepunkt erreicht, auch wenn ihm dies nicht zu wichtig erschien: „Mein Gott, Karriere! *Das* war es für mich nie. Ich habe immer nur das getan, was ich von innen her tun musste, mit dem Furor, es so gut zu tun, wie es mir irgend möglich war."[19]

Privat begann in dieser Zeit allerdings eine schwierige Phase für Williams. Sein Alkoholproblem hatte er bereits in verschiedenen Stücken verarbeitet; das Trinken als Realitätsflucht sollte sich wie ein roter Faden durch fast alle seiner Stücke ziehen.[20] Hatte sich sein eigener Alkohol- und Medikamentenkonsum in den letzten Jahren schon erheblich gesteigert, so schrieb er seit dem Sommer 1955 „meist unter künstlichen Stimulantia"[21], auch um wiederkehrende Schreibblockaden aufzuheben. Im Jahr 1957 starb sein Vater, und sein neues Stück „Orpheus steigt herab" wurde ein unglaublicher Misserfolg: „An *Orpheus* hatte ich (...) nicht nur zuviel herumgeschrieben... (...) Die Rolle des *Val* war auf verhängnisvolle Weise fehlbesetzt, mit einem jungen Mann, der drauflosspielte wie ein Mafia-Killer[22] (...) Ich hatte zuviel in das Stück hineingepackt; es war völlig überladen ..."[23] Der Rückschlag verstörte ihn derart, dass er sich in psychoanalytische Behandlung begab und einige Zeit nichts mehr zu Papier brachte. Im Jahr 1960 kam es zum Bruch zwischen ihm und Frank Merlo. Aus dieser schwierigen Zeit nach „Orpheus steigt herab" stammen unter anderem die Stücke „Plötzlich letzten Sommer" und „Die Nacht des Leguan".

Vier Jahre nach der Trennung starb Frankie Merlo an Lungenkrebs. Williams hatte zwar die Beziehung beendet, hegte aber immer noch starke Gefühle für seinen ehemaligen Lebensgefährten, so dass ihn dessen Tod in eine tiefe Depression stürzte, die ihn sieben Jahre lang verfolgen sollte[24]:

---

[19] Tennessee Williams: "Memoiren", S.220
[20] siehe hierzu das Williams-Zitat zu Beginn von Kapitel II über die schöpferische Arbeit, die „persönlich sein muss"
[21] Tennessee Williams: „Memoiren", S. 217
[22] Der Name des jungen Schauspielers ist leider nicht überliefert, da er im Laufe der Produktion durch den – laut Williams ebenfalls fehlbesetzten – Cliff Robertson ersetzt wurde.
[23] Tennessee Williams: „Memoiren", S. 218f.
[24] vgl. Tennessee Williams: „Memoiren", S.245

„Meine Zerrüttung in den sechziger Jahren, meiner Sauf- und Tablettenphase, lässt mich an eine Zeitlupenaufnahme der Sprengung eines Gebäudes mit Dynamit denken; der Zusammenbruch ging schrittweise vor sich(...)"[25] Williams weiter: „Mein Leben entfernte sich immer mehr sowohl von gesellschaftlichen wie sexuellen Kontakten, nicht durch freie Wahl, sondern weil ich mich immer mehr und mehr in mein zerbrochenes Innere zurückzog"[26]. In dieser Zeit wurde es auch um Tennessee Williams als Schriftsteller stiller: er schrieb einige Erzählungen und Stücke, die aber nicht mehr an den Erfolg seiner vorhergehenden Arbeiten anknüpfen konnten. Das war laut ihm selbst bedingt durch „eine Wendung hin zu einem neuen Stil und einer neuen kreativen Vorstellungswelt, mit der Kritik und Publikum zunächst wenig anzufangen wussten"[27] Seine fortwährende Depression führte im Jahr 1969 zu einem kurzzeitigen Aufenthalt in einer geschlossenen psychiatrischen Abteilung – es schien, als würde Williams das Schicksal seiner Mutter und seiner Schwester teilen, doch schaffte er es aus eigener Kraft, diese schreckliche Zeit zu überstehen. 1972, zwei Jahre nach seiner Entlassung, konnte er mit seinem Stück „Sturmwarnung" einen erneuten Erfolg verbuchen.

1977 begann er mit dem Schreiben seiner Memoiren – zwei Jahre, bevor ihm noch einmal deutlich vor Augen geführt wurde, dass seine Lebensweise nicht von allen akzeptiert wurde. Der 67-Jährige wurde im Januar 1979 von fünf Jugendlichen zusammengeschlagen, die von einer anti-homosexuellen Zeitungsanzeige zu dem Übergriff aufgestachelt worden waren[28].

Seinen sehnlichsten Wunsch, sich zu seinem Lebensende auf einen Bauernhof in Sizilien zurückzuziehen, „um Ziegen und Gänse zu züchten"[29], hat sich Williams niemals erfüllt. Er starb am 24. Februar 1983 mit 71 Jahren im New Yorker Hotel Elysee. Als Todesursache wurde Ersticken am Verschlussdeckel seiner Augentropfen angegeben, da er diesen gewohnheitsmäßig bei der Tropfenanwendung auf seiner Zunge platziert hatte, aber durch Einwirkung verschiedener Drogen und Alkoholika benommen war und den Deckel verschluckte.[30] Auch seine letzte testamentarische Verfügung, nämlich „(...) dass man meinen Leichnam in einen sauberen, weißen Sack einnäht und 12 Grad nördlich von Havanna ins Meer wirft (...)"[31] , wurde nicht erfüllt. Er liegt auf dem Calvary Cemetery der ihm verhassten Stadt St. Louis begraben.

Doch ich habe ein wunderbares und schreckliches Leben gehabt, und ich würde mich selbst nie bejammern. Würden Sie das tun?

Tennessee Williams, „Memoiren"[32]

---

[25] Tennessee Williams: „Memoiren", S.256
[26] Tennessee Williams: „Memoiren", S.257
[27] Tennessee Williams: „Memoiren", S. 2615
[28] vgl. http://en.wikipedia.org/wiki/Tennessee_williams
[29] Tennessee Williams: „Memoiren", S.227
[30] vgl. http://en.wikipedia.org/wiki/Tennessee_williams
[31] Tennessee Williams: „Memoiren", S.153
[32] Tennessee Williams: „Memoiren", S.269

II) Auf der Flucht - Der Autor und seine Zeit

> Diese Stücke nicht kennen, heißt, die Welt nicht kennen, in der wir leben.
>
> *John Osborne[33]*

> Die Leute haben immer und immer wieder gesagt, mein Werk sei zu persönlich, und ich bin diesem Vorwurf genauso beharrlich mit der Behauptung entgegengetreten, dass jede schöpferische Arbeit persönlich sein muss (...) Sie muss (und wird, ob gewollt oder ungewollt) ein Spiegel der Gefühlswelt und der Seelenlage ihres Schöpfers sein.
>
> *Tennessee Williams, „Memoiren"[34]*

1.) Literatur- und theatergeschichtliche Einordnung

Tennessee Williams zählt nach wie vor zu den bekanntesten amerikanischen Schriftstellern des 20. Jahrhunderts, seine berühmten Dramen finden sich auch heute noch auf den Spielplänen europäischer und amerikanischer Theaterhäuser. Mit seinen Werken verkörperte er einen eigenen Weg, den das amerikanische Theater im vergangenen Jahrhundert einschlug.

In den zwanziger Jahren des 20. Jahrhunderts entstand innerhalb der amerikanischen Literatur die Bewegung der „Südstaaten-Renaissance", welche das „Aufblühen einer eigenständigen Literatur in den Südstaaten"[35] förderte. Angeführt wurde diese Bewegung von der um John Crowe Ramson versammelten Gruppe „The Fugitives", also „Die Flüchtigen" (ein Begriff, der in Williams´ Werken öfter zu finden ist). Anliegen der Bewegung war es, die Eigenständigkeit der Südstaaten-Kultur zu betonen und dieser literarische Denkmäler zu setzen. Aus dieser „Southern Renaissance" gingen in den späteren Jahrzehnten Autoren wie Truman Capote, William Faulkner und Carson McCullers hervor, die mit dem Thema der Südstaaten-Kultur auf eigene Weise umgingen: „Sie alle fangen in ihrem Werk die exotische Atmosphäre, aber auch die Dekadenz der Südstaaten ein."[36] Dass die alte, feudal anmutende Südstaatengesellschaft sich bereits in der Auflösung befand, wurde einerseits als tragischer Verlust einer eigenen Lebenswelt empfunden, andererseits wurde jedoch gerade die Rückwärtsgewandtheit dieser Lebenswelt und die damit verbundenen Probleme des Rassismus, des Snobismus und der Intoleranz kritisiert. Insofern lässt sich auch Tennessee Williams in diese Nachfolgebewegung der „Südstaaten-Renaissance" einordnen, da er diese Probleme in seinem Werk immer wieder aufgegriffen hat. Sich selbst zählte er, ebenso wie McCullers und Capote zur sogenannten „Gothic School", wie er im Vorwort zu McCullers Roman „Reflections in a Golden Eye" deutlich machte; der dabei verwendete Begriff „gothic" entstammte ursprünglich der Literatur des 19. Jahrhunderts und bezeichnete Schauer- und groteske Literatur, wie z.B. die Werke von E.T.A. Hoffmann[37]. In diesem Fall wurde der Einfluss von Gewalt und Groteske sowie die Beschreibung

---

[33] zitiert bei Christian Jauslin: „Williams", S.15
[34] Tennessee Williams: „Memoiren", S.237
[35] Christian Jauslin: „Williams", S. 15
[36] Christian Jauslin: „Williams", S.16
[37] vgl.Christian Jauslin: „Williams", S.17

einer einzigartigen, aber „sterbenden" Lebenswelt in der Südstaatenliteratur als „gothic" betitelt. Williams selbst erklärt: „Es ist etwas in der Landschaft, etwas im Blut und in der Kultur der Südstaaten, das sie irgendwie zum Mittelpunkt dieser 'Gothic School' von Dichtern gemacht hat."[38] Auch mit der philosophischen Bewegung des Existenzialismus fühlte sich Williams verbunden, durch ein beidseitiges „Gefühl, eine Intuition von irgendeiner unterschwelligen Grausamkeit in der modernen Lebenserfahrung"[39].

In theatergeschichtlicher Hinsicht traten Williams und sein Zeitgenosse Arthur Miller „in der Mitte der vierziger Jahre das Erbe Eugene O'Neills auf der amerikanischen Bühne an"[40]. Ebenso wie O'Neill schilderten Miller und Williams in ihren Stücken die „Not des Menschen in der modernen Welt"[35], wenn auch mit verschiedenen untergeordneten Themen und Problematiken. Während O'Neill besonders Figuren darstellte, „die durch Selbstbetrug und Rausch versuchen, der Verantwortung ihres Lebens zu entfliehen"[41] (worin ihm Williams in gewisser Weise ähnelt, jedoch in seinem Werk auch die Probleme des Individuums in der Gesellschaft schildert), betonte Arthur Miller vor dem Hintergrund des Zusammenbruchs des „American Dream" und der Politik der 50er Jahre die ethische Verantwortung des einzelnen. Die Einflüsse diese „spezifisch amerikanischen Beitrags"[35] lagen vor allem in den Dramen des Realismus und beginnenden Naturalismus von Henrik Ibsen, August Strindberg und Anton Tschechow: „besonders die analytische Technik ist ihm [Williams] Vorbild"[42]. Es ging den Autoren darum, den Menschen unter realen Bedingungen mit seinen Sorgen, Nöten und Ängsten sowie einer problematischen Vergangenheit und Gegenwart und das daraus bedingte Zusteuern auf die Katastrophe darzustellen. Oftmals wurden die behandelten Inhalte als „psychoanalytische Dramen" bezeichnet, da häufig emotionale Extremsituationen und psychische Probleme der Figuren zugrunde liegen. Dennoch sollte das Hauptaugenmerk des Lesers bzw. Zuschauers nicht auf der *Psyche* liegen, sondern viel mehr auf der *Umwelt* des Dargestellten, aus der heraus sich die Krisen der Figuren entwickeln konnten, wie der Dramatiker Arthur Miller erklärte: „Wenn unser Theater es nicht dahin bringt, durch die *Gemütsbewegungen* hindurch vorzustoßen zu einer Bewertung der *Welt,* wird es sich meiner Ansicht nach einer belanglosen Psychiatrie verschreiben (...)."[43]

Durch die Teilnahme an einem Workshop des nach Amerika emigrierten Theatermachers Erwin Piscator wurde Williams auch mit dem epischen Theaterstil vertraut und lernte, ihn für seine Zwecke

---

[38] Christian Jauslin: „Williams", S. 17f.
[39] Christian Jauslin: "Williams", S.18
[40] Franz H. Link: „Tennessee Williams´ Dramen", S.5

[41] http://de.wikipedia.org/wiki/Eugene_O´Neill

[42] Christian Jauslin: „Williams", S.25
[43] zitiert bei Christian Jauslin: "Williams", S.22; kursive Hervorhebungen durch Chiara Nassauer

10

zu nutzen; so verwendete er in vielen seiner Stücke keine konkrete Aktteilung auf Basis der aristotelischen „drei Einheiten", sondern Szenenfolgen mit größeren Zeitsprüngen.

Teilweise lassen sich in Williams´ Werken auch Anklänge an den Surrealismus feststellen: „Bei allen Anweisungen für das Bühnenbild findet sich kaum je die Forderung nach einem realistischen Bild. *Das Bühnenbild stellt auf unrealistische Art eine Kurzwarenhandlung dar*, heißt es etwa bei 'Orpheus steigt herab'."[44]

Diese Mischung verschiedener theatergeschichtlicher Einflüsse entwickelte Williams zu einem eigenen Stil, der auch in der Aufführungspraxis neue Richtungen fördern sollte: „Williams und seine künstlerischen Mitarbeiter[45] (...) haben Stücken wie 'Die Glasmenagerie', 'Endstation Sehnsucht' und 'Camino Real' Inszenierungsformen gegeben, die das Welttheater als die 'American Method' kennt."[46] Durch eine „Modifikation des psychologischen Naturalismus von [Konstantin] Stanislawski"[47], wie sie vor allem durch Lee Strasberg und den Regisseur Elia Kazan betrieben wurde, konnte dem amerikanischen Theater „ein eigene Form gegenüber den früheren Formen"[39] ermöglicht werden. Die jungen Schauspieler Richard Burton und Marlon Brando waren die frühesten und bekanntesten Vertreter dieses Stils, nachdem sie ihre Karriere mit Rollen in Williams´ Theaterstücken begannen und später in Verfilmungen seiner Werke mitwirkten. Diese immer noch gängige Form des Schauspielstils und der Dramaturgie waren vielleicht zwei der „sichtbarsten" Neuerungen, die durch Williams´ Arbeit „ins Rollen gebracht" wurden.

2.) Literarische Einflüsse

Von seiner Mutter während der langen Krankheitsphase mit Literatur bekannt gemacht, war Tennessee Williams Zeit seines Lebens ein begeisterter Leser. Daher finden sich in seinem Werk auch Einflüsse verschiedener literarischer Vorbilder. Zwei dieser Einflüsse erscheinen äußerst bedeutend.

Als sein größtes Vorbild bezeichnete Williams den Schriftsteller D.H. Lawrence, dessen Biographie er sogar seinem Stück „Phönix in Flammen" zugrunde legte. Lawrences oftmals als skandalös empfundene Beschäftigung mit dem Geschlechtlichen wie zum Beispiel in seinem Roman „Lady Chatterleys Liebhaber" findet sich auch im Großteil der Werke von Tennessee Williams. Im Gegensatz zu Lawrences positiver Darstellung trat bei Williams aber „neben die rücksichtslose Darstellung des Geschlechtlichen die von dessen Ungenügen, ja sogar der Gefahr, die es als Verunreinigung für eine dauerhafte Erfüllung der Lebenserwartungen bedeuten kann"[48]. Bestes

[44] Christian Jauslin: „Williams", S.26
[45] gemeint sind hier die Regisseure, die seine Stücke inszenierten wie z.B. Margo Jones, Lee Strasberg, Jean Rosenthal und Elia Kazan
[46] zitiert bei Christian Jauslin: „Williams", S.30
[47] Christian Jauslin; „Williams", S. 30
[48] Franz H. Link: „Tennessee Williams´ Dramen", S.6

11

Beispiel hierfür ist die Figur der Blanche aus „Endstation Sehnsucht", die ihre innere Reinheit und Anmut bewahrt hat, aber durch ihre Beziehungen mit zahllosen Männern ihren eigenen Ansprüchen nicht mehr genügt. Auch die Figur der Carol Cutrere steht vor einem ähnlichen Problem, wie später erläutert werden soll.

Das zweite bedeutende Vorbild für die Arbeit Williams´ sollte der russische Dichter Anton Tschechow werden. Williams selbst hat in seinen Memoiren die erste „Begegnung" mit Tschechow festgehalten: „Im selben Sommer [1934] verliebte ich mich in das Werk von Anton Tschechow (...). Hier lernte ich eine literarische Sensibilität kennen, der ich mich damals sehr verwandt fühlte. Heute will mir scheinen, dass er zu viel unausgesprochen lässt. Doch die zarte Poesie, die sein Werk durchzieht, greift mir nach wie vor ans Herz, und die *Möwe* ist, meiner Meinung nach, immer noch das hervorragendste aller neueren Theaterstücke (...)."[49] Von Tschechow übernahm Williams wohl vor allem den unverfälschten Blick auf den Menschen und die Grundproblematik der dargestellten Figuren: diese befinden sich zumeist in einer festgefahrenen, unangenehmen Situation, können sich aber aus eigener Kraft aus dieser Situation bzw. von ihren zur Situation beitragenden Charaktereigenschaften und Wünschen nicht lösen.

3.) Weitere Einflüsse

Wie schon zu Beginn des Kapitels zitiert, verteidigte Williams immer wieder die autobiographische Beeinflussung seiner Stücke als natürlichen Vorgang. In der Tat lassen sich in seinen Stücken immer wieder Hinweise auf Williams´ eigenes Leben, seine Familiengeschichte und seine Sicht auf die Gesellschaft der Zeit erkennen.

Die Figuren, für die Williams´ Theater berühmt wurde, sind oftmals behaftet mit Neurosen und anderen psychischen Problemen, resultierend aus traumatischen Erlebnissen in ihrer Vergangenheit. Williams stammte aus einer Familie, in der psychische Labilität und Krankheit nicht unbekannt waren. So entwarf er die Figuren nicht nur basierend auf seiner eigenen Exaltiertheit und seiner ständigen unterbewussten Angst vor einer Geisteskrankheit („Ich bin, wenn man so will, genauso exaltiert wie Tante Belle und auch wie Blanche."[50]), sondern vor allem in Anlehnung an das Leben seiner Schwester Rose. So scheint zum Beispiel die Rolle der Laura Wingfield aus der „Glasmenagerie" auf Rose zu basieren[51]; in seinem Stück „Plötzlich letzten Sommer" verarbeitete er zudem das Thema der Lobotomie, der Gehirnoperation bei psychisch gestörten Menschen, wie sie Ende der Dreißiger Jahre häufig praktiziert wurde und der auch seine Schwester zum Opfer fiel. Vorlagen für andere Figuren seiner Werke fand er in der Beobachtung seiner früheren Mitstudenten, Lebenspartner, Freunde und Bekannten. So wird man beim Lesen seiner Memoiren bei den Passagen über kurzzeitige sexuelle

---

[49] Tennessee Williams: „Memoiren", S. 59f.
[50] Tennessee Williams: „Memoiren", S.153
[51] vgl. http://en.wikipedia.org/Tennessee_williams

12

Erlebnisse mit Frauen, die er zum Beispiel in einem Fall als „waschechte Nymphomanin und Alkoholikerin"[52] bezeichnet, automatisch an die Figur der Carol Cutrere erinnert. Die bereits erwähnte sexuelle Konnotation der Stücke scheint ebenfalls auf persönlichen Erfahrungen Williams´ mit seiner Sexualität und den damit verbundenen gesellschaftlichen und persönlichen Problemen zu beruhen. Die Stücke sind an Schauplätzen in den amerikanischen Südstaaten, in Williams´ Heimat angesiedelt: „Ich bevorzuge solche Schauplätze (...), weil mir die Menschen der Südstaaten, ihre Sprache, ihre Gefühle und Gewohnheiten vertrauer sind."[53] So schildert der Schriftsteller in seinen Werken die Lebenswelt der Südstaaten originalgetreu; jedoch begnügt er sich nicht mit einer sentimentalen „Wiederauferstehung", sondern er nutzt sein Wissen zur Kritik an Lebens- und Denkweise der geschilderten Welt.

Ein wichtiges Thema in Williams´ Stücken ist der Konflikt von Individuum und Gesellschaft, welchen der Autor am eigenen Leib erleben musste. Durch seine exzentrische Lebensweise, seine künstlerische und körperliche Sensibilität, seine Hypochondrie und vor allem durch seine Homosexualität fühlte sich Williams zeitlebens als für die Gesellschaft „unpassend": „Mein Platz in der Gesellschaft war schon damals (...) bei der Boheme. Ich mache hin und wieder einen Besuch auf der anderen Seite, doch mein 'gesellschaftlicher Ausweis' trägt den untilgbaren Stempel BOHEMIEN, ohne dass ich das je bedauert hätte."[54] Doch erkannte er als „Außenstehender" auch deutlich die Ungerechtigkeiten und Unzulänglichkeiten der Gesellschaft, die er in seinen Stücken immer wieder anprangerte. So schilderte er vor allem immer wieder den Konflikt des Individuums, das sein Leben entsprechend seiner eigenen Vorstellungen führen möchte, jedoch an den Forderungen und Einschränkungen der Gesellschaft zerbricht. Beispiele hierfür finden sich in den Figuren des Val und der Carol in „Orpheus steigt herab". Auch beschrieb er in seinen Stücken die Problematiken des Rassismus, der Gewalt (z.B. von staatlicher Seite), der Unterschiede zwischen den gesellschaftlichen Klassen, der Bigotterie und der Unterdrückung und Benachteiligung von Frauen, um den Menschen einen Spiegel vorzuhalten und die „moralisch-akzeptierte" Lebensweise der „guten" Gesellschaft als das eigentlich unmoralische Verhalten zu entlarven. Williams hatte Zeit seines Leben unter ähnlichen Konflikten zu leiden wie seine Figuren, was ihm eine lebensechte Schilderung von Menschen und Umwelt erlaubt: „Wenn das Schreiben aufrichtig ist, kann es nicht vom Menschen, der es schrieb, getrennt werden. Es ist nicht so sehr ein Spiegel als vielmehr das Destillat, die Essenz, von demjenigen, was in seiner Natur am stärksten und am reinsten ist, sei das nun Güte oder Zorn, Heiterkeit oder Leiden, Licht oder Dunkel."[55]

Tennessee Williams: „Memoiren", S.62
[53] Christian Jauslin: „Williams", S.19
[54] Tennessee Williams: „Memoiren", S.132
[55] Christian Jauslin: „Williams", S.19

13

III) Das Eigentliche des Daseins - Tennessee Williams´ literarische Botschaft

> Das Wissen darum., dass man ein Glied einer Vielzahl – der Menschheit – ist, mit ihren unendlich vielen Nöten und Bedürfnissen, Problemen und Emotionen, (...) ich glaube wirklich, dass das die zur Zeit bedeutsamste Erkenntnis ist, die wir alle anstreben sollten.
>
> *Tennessee Williams, „ Memoiren"* [56]

> Mein Ziel ist, auf irgendeine Weise das sich einem immer wieder entziehende „Eigentliche" des Daseins in den Griff zu kriegen.
>
> *Tennessee Williams, „Memoiren"* [57]

Tennessee Williams war kein angepasster Schriftsteller seiner Zeit, sondern ein eher unbequemer Zeitgenosse, der mit seiner Arbeit provozierte und nicht immer auf Begeisterung stieß. Doch verfolgte er kompromisslos seinen eigenen Weg, um sich selbst zu verwirklichen. Dies scheint mir auch eine der wichtigsten Botschaften seiner Stücke zu sein: das Individuum steht zwar einer feindlichen, normierten Gesellschaft gegenüber, aber seine persönliche Freiheit ist unantastbar und als höchstes Gut anzusehen: „Frei sein heißt, das Ziel des Lebens erreicht zu haben. (...) Es bedeutet die Freiheit zu *sein*, und, wie jemand sehr klug bemerkt hat: Wenn du nicht du selbst sein kannst, was hat es dann für einen Sinn, überhaupt irgend etwas zu sein?" [58] Nicht die persönliche Freiheit ist unmoralisch, sondern der Versuch der Gesellschaft, diese zu unterbinden. Unter diesem Aspekt tritt Williams auch als eine Art Advokat der „Außenseiter" auf, der Individuen, die von der Gesellschaft aufgrund ihrer Unangepasstheit verstoßen wurden. Das Problem liegt jedoch nicht nur in der Gesellschaft, sondern auch im Individuum selbst, das oft so sehr in seine eigenen Ansprüche, Wünsche, Ängste und Unzulänglichkeiten verstrickt ist, dass es an sich selbst und an den Vorstellungen der Gesellschaft zerbrechen muss. Sehnsucht und Aufbegehren gegen die Norm treiben die Figuren an, jedoch scheitern sie an der Erfüllung ihrer Vorstellung; in ihrem eigenen „Lebenskampf" gefangen, sind sie zudem einsam und können sich keinem Menschen wirklich öffnen. Auch stehen sich Gesellschaft und Individuum ebenso unvereinbar gegenüber wie zwei Individuen unterschiedlicher Herkunft, Charakters und Meinung – hier herrscht oft nur das Recht des Stärkeren und das der gewaltsamen Unterwerfung. Williams´ Werk zeigt hier einen sehr pessimistischen Zug, da diese Konflikte sich in keinem seiner Stücke auf einvernehmliche Weise lösen lassen und die „schwächeren" Figuren immer zum Scheitern verurteilt zu sein scheinen. Da sein Werk stark von seiner eigenen Lebensgeschichte geprägt ist, beschreibt der Schriftsteller auf solch unversöhnliche Art wohl auch seinen eigenen Kampf, den er zeitlebens gegen die „gute" Gesellschaft und seine eigenen Schwächen und Ängste führte. Auch wenn sich Williams zahlreiche Lebensträume nicht erfüllt hat und dafür umso größere Schicksalsschläge erdulden musste, hat er diesen Kampf niemals aufgegeben, auch wenn er wusste, dass er in vielen Punkten scheitern würde. So kann der Pessimismus in Williams´ Werk (im Stile des Realismus) meiner Meinung nach auch als ein Aufruf an den Menschen angesehen werden,

[56] Tennesse Williams: „Memoiren", S.37f.
[57] Tennessee Williams: „Memoiren", S.113
[58] Tennesse Williams: „Memoiren", S.289

14

Eigenverantwortung zu übernehmen und für seine Träume und Ansichten zu kämpfen – die Passivität scheint ein schlimmeres Los zu sein als das Scheitern im aktiven Kampf.

Daher kann uns das tragische Schicksal von Williams´ Figuren auch Hoffnung machen: Hoffnung auf Einsicht und mutiges Verhalten in unserem eigenen Leben.

Immer versucht. Immer gescheitert. Einerlei: Wieder versuchen. Wieder scheitern. Besser scheitern..

Samuel Beckett

15

B) Das Stück „Orpheus steigt herab"

Nothing is more precious to anybody than the emotional record of his youth (...) and you will find the trail auf my sleeve-worn heart in this completed play that I now call 'Orpheus Descending'.
Tennessee Williams, Vorwort zu "Orpheus steigt herab"[59]

I.) Künstlerische Einordnung des Werks im Vergleich mit „Endstation Sehnsucht" und „Plötzlich letzten Sommer"

Das Stück „Orpheus steigt herab" war eine neu erarbeitete Fassung des 1940 entstandenen Dramas „Kampf der Engel". Aufgrund von Williams´ Erfahrungen im Dramatiker-Kurs von Erwin Piscator erfuhr dieses Stück bereits im Jahr 1940 umfangreiche Bearbeitungen, wurde aber dennoch von Kritik und Publikum gleichermaßen schlecht aufgenommen. Der Stoff ließ Williams jedoch nicht los, und so kam es 1957 - fast 20 Jahre später - zu einer erneuten Publikation unter einem anderem Titel.

Interessant ist, dass das Werk einen Wendepunkt in Williams´ schriftstellerischer Karriere markiert, nämlich vom Höhepunkt seiner Karriere zu der Phase, in der er weniger Stücke publizierte, die ihrerseits nur noch selten an seine ehemaligen Erfolge anknüpfen konnten. In Anbetracht dieser Entwicklung scheint es zum Verständnis des Stückes hilfreich, eine Einordnung anhand zweier Stücke aus der jeweils vorangegangenen und folgenden Phase zu betrachten. Dazu sollen der Williams-Klassiker „Endstation Sehnsucht" und das Werk dienen, dass er schrieb, um den Schock des Misserfolges von „Orpheus" zu verarbeiten: „Plötzlich letzten Sommer".

„Endstation Sehnsucht" entstand 1947, also 10 Jahre vor „Orpheus". Das Stück wurde sofort zu einem immensen Erfolg für Williams, die Figuren zu Ikonen der Dramenliteratur und Schauspielkunst. Offensichtlich war – und ist – das Publikum fasziniert von dem Aufeinandertreffen der vergangenen, feudalen Epoche des Südstaaten-Geldadels, verkörpert durch die fragile Blanche DuBois und der neuen amerikanischen „melting pot"-Kultur der Arbeiter, Einwanderer und Aufsteiger, dargestellt durch den bodenständigen und beinahe animalisch-vitalen Mann von Blanches Schwester Stella, Stanley Kowalski. Die Charaktere waren äußerst fein erarbeitet und führten den Zuschauer bzw. Leser direkt an den Konflikt der sich gegenseitig ausschließenden Lebensprinzipien heran. Auch das bei Williams immer wiederkehrende Motiv der Flucht bzw. des Flüchtenden wurde durch die Figur von Blanche betont, die auf der Flucht vor dem Verfall ihrer Lebenswelt und ihrer eigenen Vergangenheit ist.

Nach „Orpheus steigt herab" versuchte Williams, in einem neuen Stück das Misslingen des Vorhergehenden zu verarbeiten. Das Drama „Plötzlich letzten Sommer" unterschied sich bereits stark von Williams´ Erfolgsdramen der 1940er und 50er Jahre. So begegnet man hier zwar einerseits auch dem Thema des Flüchtenden, repräsentiert durch die von einem schrecklichen (analytisch enthüllten) Ereignis geistig angeschlagene Catherine Holly und ihren umgekommenen Vetter Sebastian Venable,

---

[59] zitiert bei: Franz H. Link „Tennessee Williams´ Dramen", S.38

sowie das Motiv der aufeinander prallenden Lebenswelten, dargestellt durch den Unterschied zwischen Catherine und der wohlhabenden Mrs. Venable, die um jeden Preis den guten Ruf ihres Sohnes Sebastian schützen möchte. Andererseits wirkt das Stück jedoch eher reduziert auf ein Problem der privaten Lebensführung, im Gegensatz zu einer kompletten Infragestellung von Gesellschaftsformen: das Drama ist ein Einakter, die Personenanzahl geringer. Das Ganze spielt sich noch mehr innerhalb der Familie ab als bei „Endstation Sehnsucht", der Konflikt besteht in der falschen Einschätzung der Lebenswünsche einer Person und deren Ende. Zudem scheint Williams hier noch mehr auf private Erlebnisse zurückgegriffen zu haben, da er das Thema der Gehirnoperation (wie bei seiner eigenen Schwester vollzogen) und der Homosexualität (in der Figur des Sebastian Venable) verarbeitete.

„Orpheus steigt herab" scheint sich genau zwischen diese beiden Phasen des Schaffens einordnen zu lassen. In diesem Stück treffen wiederum zwei unvereinbare Lebenswelten aufeinander, wobei jedoch die zweite dieser Welten durch mehrere Personen und damit durch verschiedene Möglichkeiten der Lebensführung verkörpert wird. So stehen der Lebenswelt der südstaatlichen Kleinstadt mit ihren „braven Bürgern" der Fremdling Val, die Herumtreiberin Carol und die Lady mit ihrer zerrütteten Ehe und zermürbenden Vergangenheit gegenüber. Die Parteien sind jedoch so in ihrer Einsamkeit und Sehnsucht gefangen, dass es ihnen nicht möglich ist, sich gegen den gemeinsamen Feind zu verbinden. Starke mythologische Symbole wie Tod und Wiedererweckung spielen ebenfalls eine wichtige Rolle. Dennoch ist eine rein symbolische Handlung oder eine simple Infragestellung der bürgerlichen Lebenswelt durch die Individuen nicht das alleinige Anliegen des Stückes. „Williams selbst verbindet das Stück mit den Empfindungen seiner Jugend (...)"[60] und ließ daher viele private Details in Figuren und Handlung einfließen. Zudem entwickelt sich auch in „Orpheus" eine sehr private Familientragödie, nämlich durch die Figur von Lady und ihre Vergangenheit, ihre Ehe mit Jabe und ihre Beziehungen mit David Cutrere und Val. So verbinden sich in diesem Drama Elemente aus Williams´ vorhergehenden und einem sich verändernden Schaffen.

---

[60] Franz H. Link: „Tennessee Williams´ Dramen", S.38

II.) Inhalt – Die Geschichte vom "Mann in der Schlangenhaut"

> Wir alle sind zu lebenslänglicher Einzelhaft in unserer eigenen, einsamen Haut verurteilt.
>
> *Val in „Orpheus steigt herab"[61]*

> [Es ist] die Geschichte eines jungen, geistig unabhängigen und wilden Menschen, der in das konventionelle Leben eines Städtchens im Süden
> Amerikas hineingerät und dort etwa dieselbe Aufregung verursacht wie ein Fuchs im Hühnerstall.
>
> *Tennessee Williams, Vorwort zu "Orpheus steigt herab"[62]*

Der umherziehende Nachtclubmusiker Val Xavier, dessen Markenzeichen seine geliebte Gitarre und seine Jacke aus echter Schlangenhaut sind, kommt in eine Kleinstadt in den Südstaaten. Hier hofft er, kurzzeitig Arbeit finden zu können, um danach weiterzuziehen. Eine Anstellung findet er in der Kurzwarenhandlung und Konditorei von Lady Torrance, einer gebürtigen Italienerin, deren Mann Jabe wegen einer schweren Krankheit längere Zeit im Krankenhaus war und nun zurückkommt – allerdings nur noch, um das Bett zu hüten und sein baldiges Ende abzuwarten. Die übrigen Bewohner begegnen dem Fremden mit Misstrauen, wie sie auch andere misstrauisch beäugen und schnell aus der Gesellschaft ausgrenzen. Zu diesen Ausgegrenzten gehört Carol Cutrere, eine "Herumtreiberin", die wegen ihres nymphomanen Verhaltens verschrien ist. Sie beginnt eine unerwiderte Annäherung an Val, in dem sie einen freiheitsliebenden Gleichgesinnten spürt. Eine weitere Frau, die den Kontakt zu Val sucht, ist Vee Talbot, die Frau des Sheriffs, die ihrer Einsamkeit durch ihre Malerei und religiöse Visionen zu entgehen versucht. Doch auch Lady gehört zu den Ausgestossenen im Ort: ihr Vater und sein Gut wurden von einer Bande niedergebrannt, sie selbst von ihrem Liebhaber (dem Bruder Carols) verlassen, woraufhin sie das gemeinsame Kind, mit dem sie schwanger war, abtreiben ließ. Danach heiratete sie aus Not Jabe, der, wie sich später herausstellen wird, selbst an dem Mord an Ladys Vater beteiligt war. Zwischen Val und Lady entsteht eine zarte Verbindung, die den Mann beinahe zur Aufgabe seines freien Lebensstils bringt. Als er jedoch von Carol vor einer solchen "Zähmung" gewarnt wird und massiv von den Bewohnern zu spüren bekommt, dass er nicht erwünscht ist, will er den Ort und Lady verlassen. Es stellt sich heraus, dass diese von ihm schwanger ist. In ihrer daraus resultierende Euphorie, wieder Leben in sich tragen zu können und es ihrem Mann heimgezahlt zu haben, erscheint Jabe, der seine Frau erschießt und Val als den Täter ausgibt. Dieser wird von der Menge verfolgt und getötet. Als einziger Überrest von Val bleibt seine Jacke aus Schlangenhaut, die Carol an sich nimmt.

---

[61] Tennessee Williams: "Orpheus steigt herab", S.99
[62] zitiert bei: Christian Jauslin; "Williams", S.99

18

III.) Thema – Orpheus in der „Aussenwelt"

Ich [hingegen] lebe wie ein Zigeuner, ich bin ein Flüchtling, bin ausgesetzt. Für längere Dauer scheint es keinen Ort mehr für mich zu geben,

nicht einmal die Existenz in meiner eigenen Haut.

Tennessee Williams, „Memoiren"[63]

Ich brauche sie! Um zu leben – um weiterzuleben!!"[64]

Lady in „Orpheus steigt herab"

Wie man dem Titel entnehmen kann, greift Tennessee Williams hier ein Thema der griechischen Mythologie auf, nämlich die Sage von Orpheus, der seine verstorbene Geliebte Eurydike aus dem Hades zurückholen möchte, aber durch seine Sehnsucht nach ihr daran scheitert. In dem Drama ist Val als eine Art Orpheus zu verstehen, der seine Eurydike – in der Gestalt von Lady – aus dem Hades, sprich aus den Klauen ihres Mannes Jabe, der den Tod verkörpert, und seinem Reich, der spießbürgerlichen Kleinstadt, retten soll. Christian Jauslin stellt allerdings die Theorie auf, man könne „auch in Carol Cutrere, der mannstollen Landstreicherin, eine Eurydike sehen"[65], die sich von Val Rettung aus ihrer Lage erhofft, welche ebenfalls eng mit einem „nicht gelebten Leben" und dem Tod verbunden ist – so hat Carol eine besondere Vorliebe dafür, die Nächte mit ihren Liebhabern auf dem örtlichen Friedhof zu verbringen. Das Eurydike-Motiv scheint jedoch mehr auf Lady gemünzt zu sein, da diese, wie in der Sage, einen zweiten, realen Tod erleidet (nach dem ersten symbolischen Tod durch den Verlust ihres Kindes und Liebhabers sowie ihre Heirat mit Jabe), als Val dabei ist, ihr ein zweites Leben zu geben, nämlich durch ihre Schwangerschaft. Liebe, Leben, Tod und Wiedergeburt sind in der Sage wie auch in Williams´ Drama eng miteinander verbunden.

Die Orpheus-Sage und die daraus resultierende Titelgebung sind jedoch eher eine Art struktureller Überbau für ein komplexes Geflecht von Themen: „,'Etwas Wildes auf dem Lande' (...), das auch einmal als Titel erwogen worden sein soll, hätte mindestens die Anklänge an die Orpheus –Sage nicht so stark betont (...)."[66] Die hier angesprochene „Wildheit" ist Bestandteil der Williams´schen Individuums-Problematik; hier begegnet uns wieder das Thema der „Flüchtenden", der Ausgestossenen. Carol benutzt diesen Ausdruck auch im eigentlichen Schlusswort des Stückes, als sie die Schlangenhaut-Jacke des getöteten Val an sich nimmt: „Wilde Tiere lassen Häute hinter sich, (...) und diese sind Andenken, die von einem auf den anderen übergehen, damit jene, die zur Gattung der Flüchtenden gehören, immer ihrer Art folgen können..."[67] Unter den Flüchtenden versteht Franz H. Link in diesem Fall „diejenigen, die der Wirklichkeit der Neonwelt ausgesetzt sind und vergeblich versuchen, ihr zu entfliehen"[68]. Die moderne Gesellschaft wird als problematisch empfunden, da hier

[63] Tennessee Williams: „Memoiren", S.310
[64] Tennessee Williams: „Orpheus steigt herab", S.128
[65] Christian Jauslin: „Williams", S.99
[66] Christian Jauslin: „Williams", S.99
[67] Tennessee Williams: „Orpheus steigt herab", S.160
[68] Franz H. Link: „Tennessee Williams´ Dramen", S.43

19

statt Mitmenschlichkeit und Nähe nur Kälte und Unmenschlichkeit wahrgenommen werden. Im Gegensatz dazu steht die Wildheit und die ursprüngliche Natur, in der sich die Figuren (und der Autor) eine größere Nähe und Verbundenheit des Menschen mit sich selbst und anderen erhoffen. Repräsentiert wird diese Ursprünglichkeit vor allem durch den indianischen Medizinmann Onkel Pleasant aus dem im Mississippi-Gebiet ansässigen Stamm der Chocteau oder Choctaw, aber auch durch Carol. Diese fasst den Verlust der Ursprünglichkeit nach einem Auftritt von Onkel Pleasant zusammen: „Um dieses Land ist noch etwas Wildes! Es ist einmal wild gewesen, die Männer und die Frauen waren wild, und in ihrem Herzen hatten sie füreinander eine Art wilder Güte, aber nun ist es krank, krank vom Neonlicht wie die meisten anderen Länder auf der Welt…"[69]

Diejenigen, die diesen Missstand erkennen und ein wildes, individuelles Leben führen (wollen), wie z.B. Val oder Carol, werden jedoch von der Gesellschaft gnadenlos ausgegrenzt. Die Thematik der Flüchtenden macht also zugleich auf die damit verbundenen Probleme der Voreingenommenheit gegenüber Außenseitern, der Engstirnigkeit und der falschen Moral aufmerksam, denen die Protagonisten im Mikrokosmos der Kleinstadt ausgesetzt sind: „Neben dem Schicksal dreier ausgestoßener Menschen geht es (…) um das Problem der Kleinstadt in den Südstaaten, in welcher sich eine Gesellschaft etabliert hat, die nichts gelten lässt außer sich selber (…)"[70]

Zusätzlich tritt im Zusammenhang mit der Flucht vor der modernen Welt auch das Thema der Verdorbenheit in den Vordergrund. Carol wird von den Stadtbewohnern als uneingeschränkt „verdorben" empfunden, da ihre Lebensführung nicht den moralischen Regeln und Normen entspricht. Auch Val passt nicht in das Raster und wird ausgegrenzt, ebenso wie Lady, deren Verhalten gegenüber ihrem ungeliebten Mann und ihre Schwangerschaft von Val zwar mit wenig Anstrengung verständlich erscheinen könnte, aber ebenfalls als verdorben aufgefasst wird. Das Motiv der Verdorbenheit tritt aber in der eigenen Lebenswelt der „Flüchtenden" ebenfalls zutage. Val spricht mit Lady über seine Kindheit und Jugend in der „Hexensümpfen" von Bayou, die noch von einer Reinheit und Suche nach etwas Höherem gekennzeichnet waren. Als etwas Höheres erschien ihm damals die Liebe, die er jedoch inzwischen als reine „Scheinantwort"[71] betrachtet. Durch seine erste sexuelle Erfahrung verlor er – nicht nur körperlich betrachtet – die Unschuld; nachdem er die Hexensümpfe verließ und aus seiner starken Anziehungskraft gegenüber Frauen Kapital zu schlagen begann, wurde er „korrumpiert"[72], also durch die neu entdeckte Welt verdorben. „Reinigen" kann er sich von dieser Korruption nur durch sein Gitarrenspiel und letztlich durch seinen eigenen Tod. Auch Carol, die auf der Suche nach echter menschlicher Zuneigung ist und diese in flüchtigen sexuellen Abenteuer sucht, wurde auf diese Weise „korrumpiert", indem sie sich von der Liebesvorstellung der modernen Welt hat mitreißen lassen. Ladys Korruption besteht darin, dass sie sich aus ihrer Notsituation heraus an ihren Ehemann Jabe „verkaufte", ebenso wie ihr ehemaliger Geliebter David an eine andere, „ehrbare"

---

[69] Tennessee Williams: „Orpheus steigt herab", S.147
[70] Christian Jauslin: „Tennessee Williams´ Dramen", S.105
[71] Tennessee Williams: „Orpheus steigt herab", S.100
[72] Tennessee Williams: „Orpheus steigt herab", S.101

Frau. Der Mensch wird demnach von seinem Kontakt mit der Gesellschaft „verdorben" und gezwungen, gegen seine eigenen Prinzipien zu handeln, frei nach Jean-Jacques Rousseau: „Der Mensch ist frei geboren und liegt doch überall in Ketten."

Als entscheidendes Thema erscheint mir zudem der innere Kampf der Figuren, bedingt gerade durch ihre Flucht. Das Stück ist geprägt vom Motiv der Einsamkeit, unter der die Figuren leiden, aber aus der es ihnen nicht möglich ist, auszubrechen. Von der Außenwelt erfahren sie keine Zuwendung; ein echter Kontakt zu einem anderen Menschen ist nicht möglich, wie Val pessimistisch feststellt: „(.,,) Niemand lernt jemals jemanden kennen. Wir sind alle zu lebenslänglicher Einzelhaft in unserer Haut verurteilt!"[73] Die Liebe, wie sie zwischen Lady und Val aufkeimt und die sich Carol von ihm erhofft, wird nicht als Lösung angesehen, sondern nur als „Scheinantwort" auf einen Lebenssinn. Hier kommt es zudem zur Verwechslung von körperlicher und geistiger Liebe, wie es bei Carol zur Kompensation ihrer Einsamkeit geschieht, aber gerade durch die körperliche Liebe und Sehnsucht entsteht wiederum die Korruption. Die Figuren sind hier tatsächlich in ihrer eigenen Haut und damit in einem Teufelskreis gefangen, dem sie zu entfliehen versuchen. Val will seinen dreißigsten Geburtstag als Umkehrpunkt in seinem Leben nutzen, Lady sieht in Val selbst ihre einzige Chance, ihrem tristen Dasein zu entkommen. Dennoch scheitern beide, ebenso wie Carol, an der Unvereinbarkeit ihrer Wünsche mit sich selbst und den Vorstellungen der modernen Gesellschaft.

---

[73] Tennessee Williams: „Orpheus steigt herab", S.99

IV.) System der dramatischen Figuren

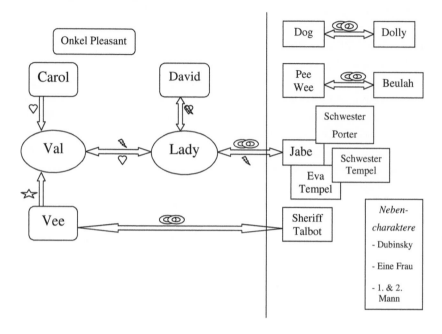

Die beiden Hauptcharaktere des Stückes stellen für mich Val und Lady dar, jedoch sind sie in der schematischen Darstellung nicht in der Mitte aufgeführt. Sowohl Val als auch Lady sind zwei aus der Gesellschaft Ausgestoßene, und diese Gesellschaft steht auch ihrer Beziehung im Wege. Daher habe ich die beiden Parteien des Dramas, einerseits die „Ausgestoßen", andererseits die „Gesellschaft" auf zwei verschiedenen Seiten angeordnet und durch eine Trennlinie abgegrenzt. Diese unüberwindbare Grenze trennt sogar zwei Ehepaare voneinander, nämlich die Torrances und die Talbots; in ihren Beziehungen herrscht Unverständnis, sogar blanker Hass.

Innerhalb der Aussenseiter stehen Val und Lady in der Mitte; da ihre Beziehung aber nicht konfliktfrei verläuft, habe ich eine „zweischneidige" Symbolik angewendet. Auf Vals Seite stehen die Außenseiterin Carol Cutrere, die eine Zuneigung und Zugehörigkeit zu Val empfindet. Der indianische "Medizinmann" Onkel Pleasant ist ihr zugeordnet, da er nur in Verbindung mit Carol auftritt und beide eine auf gegenseitigem Verständnis geprägte Beziehung haben, die sich über die "Wildheit" im Menschen verständigt. Vee Talbot habe ich ebenfalls den Ausgestossenen zugeordnet, obwohl sie die Frau des Sheriffs ist. Durch ihre religiösen Visionen und ihre Verteidigung von anderen vor den Stadtbewohnern manövriert sie sich jedoch ebenfalls "ins Aus". Mit Vals verbindet sie eine eigene Art von Anziehung, die zwar lediglich als Katalysator für sexuelles Verlangen gesehen werden kann, ihr aber auch erlaubt, ihm ihre geheimen Visionen und Ängste zu schildern.

22

Lady ist ihr ehemaliger Geliebter David Cutrere zugeordnet. Durch seine vornehme Herkunft, aber auch durch seine Beziehung mit Lady und den damit verbundenen Klatsch steht er ebenfalls außerhalb der Gesellschaft des kleinen Städtchens.

Verbunden ist Lady zudem mit Jabe, ihrem Ehemann, der zugleich symbolisch den Tod verkörpert, welcher Orpheus (Val) und Eurydike (Lady) aus der Distanz „betrachtet" und bedroht.

Oberhalb von Jabe befinden sich die Ehepaare Hamma (Dolly & Dog) und Binnings (Beulah & Pee Wee), die als „Musterbürger" der Gemeinde die Quintessenz der Spießbürgerlichkeit und Doppelmoral verkörpern. Jabe sind zudem die Krankenschwester Porter und die Tempel-Schwestern eng zugeordnet, da diese ihre Hauptbestimmung in seiner Pflege bzw. der Sorge um ihn sehen und damit den „moralischen Druck" auf die Figur von Lady erhöhen. Darunter befinden sich Sheriff Talbot sowie einige nur am Rande auftretende Figuren. Talbot ist ehelich mit einer weiteren Ausgestossenen, nämlich Vee verbunden, doch hebt auch diese Verbindung die Grenzen zwischen beiden Parteien nicht auf.

V.)Konflikt – Die Einsamkeit des Individuums

Ich kann mich an diesen Ort nicht gewöhnen, ich fühle mich hier nicht sicher, aber ich – möchte bleiben...
Val in „Orpheus steigt herab"[74]

Einengung in jeder Form ist das, was ich im Leben immer am meisten gefürchtet habe.
Tennessee Williams, „Memoiren"[75]

Der Konflikt im Drama „Orpheus steigt herab" liegt meiner Meinung nach in der Unmöglichkeit des Individuums, sein Leben entsprechend seiner Vorstellungen gestalten zu können und immer in Einengung leben zu müssen. Diese Einengung beinhaltet auch das Unvermögen einer echten Kontaktaufnahme und engen Beziehung zu einem anderen Menschen; daher ist das Individuum gefangen im Widerspruch zwischen der Sehnsucht nach einem „echten" Leben und der realen Einsamkeit. Dieser Konflikt wird auf drei verschiedenen Ebenen geschürt: zum einen im Aufeinanderprallen der Protagonisten mit der Gesellschaft, in der Konstellation der Protagonisten unter sich und in der inneren Zerrissenheit der Figuren.

Die erste, zunächst offensichtlichste Ebene besteht in der Konfrontation zwischen der kleinstädtischen Lebenswelt und den Figuren, die nicht so recht ins Bild des Ortes passen wollen. Der umherziehende Fremdling Val, die Herumtreiberin Carol, die Fremde Lady, deren Vergangenheit Tagesgespräch ist, sowie die von Visionen und ihrer hohen Sensibilität gepeinigte Vee: sie alle stehen in starkem Kontrast zur kleinbürgerlichen Moral und Lebensführung. Das Misstrauen der Bevölkerung schlägt allmählich um, von offen gezeigtem Abscheu hin zu roher Gewalt und sogar Mord. In dieser

---

[74] Tennessee Williams: „Orpheus steigt herab", S.118
[75] Tennessee Williams: „Memoiren", S.292

Atmosphäre kann die Liebesbeziehung zwischen Val und Lady zwar aufkeimen, aber sich nicht weiterentwickeln, ebenso wenig wie Carols Bedürfnis nach echter menschlicher Wärme hier nie erfüllt werden wird. Die Figuren sind jedoch durch ihre Beziehungen an den Ort gebunden, den sie hassen und fürchten. Die lebens- und entwicklungsfeindliche Umgebung duldet keine Individuen neben den „braven Bürgern" und fordert letztlich sogar zwei Todesopfer, um dieses Prinzip aufrechtzuerhalten.

Die Protagonisten, die allesamt zu den Ausgestossenen zählen, können sich jedoch nicht gegen die Allmacht der tonangebenden Kleinstadtmoral verbinden, da es ihnen nicht möglich ist, sich einander wirklich zu öffnen. Die Beziehung von Val und Lady entwickelt sich zaghaft und letztlich hin zu einer echten gegenseitigen Liebe, jedoch sind beide durch jahrelange Enttäuschung, Rückschläge und Verbitterung misstrauisch geworden. Carol Cutrere erhofft sich von Val eine Rettung, befindet sich aber damit im Konflikt mit seinen Interessen, da er vorhatte, sein bisheriges Leben aufzugeben und nicht mehr der „Korruption" nachzugeben. Die beiden „wilden" Gleichgesinnten finden also ebenfalls nicht zueinander.

Im Ausleben ihrer Individualität trotz aller Widrigkeiten sind die Figuren jedoch auch durch ihre eigenen Vorstellungen und Prägungen eingeschränkt. Val ist auf der Flucht vor seinem bisherigen Leben, durch das er sich beschmutzt hat; dennoch spürt er, dass er in der „normalen" Welt nicht willkommen ist und es ihm nicht möglich ist, sich aus seiner Rolle zu lösen. Lady hat den Tod ihres Vaters und die Trennung von David nie verarbeitet und hofft insgeheim auf eine Rettung aus ihrem schrecklichen Leben, in dem sie sich wie bereits tot fühlt. Carol versucht, durch in ihre sexuellen Abenteuer ihrer Einsamkeit zu entgehen, weiß aber, dass es nicht funktionieren wird.

So treffen in diesem Stück drei einsame Menschen aufeinander, die durch die Gesellschaft in ihrer Individualität unterdrückt werden, sich selbst aber noch stärker unterdrücken und nicht darüber miteinander kommunizieren können.

VI.) Aussage – Eine lebenslange Kampfansage

Geh jetzt. Ich wollte dir nur sagen, dass mein Leben noch nicht zu Ende ist.
Lady in „Orpheus steigt herab"[76]

Der Mensch muss sein Leben lang mit seinem ganz persönlichen Sortiment von Ängsten und Ärgernissen, Befürchtungen und Eitelkeiten leben, dazu mit seinen geistigen und körperlichen Begierden. Daraus setzt sich das Leben zusammen, und dieses Leben macht den Menschen aus.
Tennessee Williams, „Memoiren"[77]

Tennessee Williams scheint dem Stoff von "Orpheus steigt herab" eine große Bedeutung in seinem Leben eingeräumt zu haben. Schon früher versuchte er, das Werk unter dem Namen „Kampf der Engel" seinem Publikum nahe zu bringen, doch es misslang ihm. Obwohl er eine unsägliche Angst vor

---

[76] Tennessee Williams: „Orpheus steigt herab", S.113
[77] Tennessee Williams: „Memoiren", S.304

schlechten Kritiken hatte, nahm er dennoch die Arbeit an der Geschichte wieder auf und veröffentlichte das Drama später erneut. Das darauf folgende Scheitern des Theaterstückes stürzte ihn in eine tiefe Krise. Wie kam es, dass er sich diesen Stoff und seinen Erfolg bzw. Misserfolg beim Publikum derart zu Herzen nahm? Offensichtlich wollte Williams mit diesem Stück etwas Gewichtiges mitteilen, das ihn nicht losließ und er es dadurch immer wieder neu versuchte.

Die pessimistische Weltsicht des Autors durchzieht auch dieses Werk, da die Charaktere versuchen, ihre Individualität auszuleben, aber gerade daran und an der Gesellschaft, die sie ausstößt, scheitern. So könnte man hieraus die Aussage folgern, dass der Mensch, der versucht, sich selbst zu verwirklichen, es nicht kann und es auch besser nicht versucht, da es sowieso kein Entkommen gibt. Aus dem Thema der Einsamkeit ließe sich ebenfalls schließen, dass, wie Val es im Stück formuliert, keiner einen anderen wirklich kennen lernen kann und der Mensch sein Leben lang auf sich selbst angewiesen ist.

Ich glaube jedoch, dass Williams diese oberflächliche Folgerung von Aussagen lediglich benutzen will, um uns einen Spiegel vorzuhalten. Durch die Darstellung der Unmenschlichkeit der kleinstädtischen Lebenswelt und ihrer Moralvorstellungen entlarvt er sie als die eigentlich unmoralische Instanz, die auch in sich so zerrissen ist, dass sie auf Dauer nur durch Gewalt und Unterdrückung fortbestehen kann. Es dürfte dem Leser bzw. Zuschauer daher nicht schwer fallen, das System dieser Instanz als ablehnenswert zu erkennen und vielleicht sogar seine eigenen Vorstellungen von Moral und Ordnung zu hinterfragen, wenn er mit dem Ergebnis der nahezu fundamentalistischen Berufung auf solche Ideale konfrontiert wird.

Auch die Aussage zum Thema Einsamkeit hat zwei Facetten: Lady und Val bezahlen ihren Ausbruchsversuch aus dieser Einsamkeit und ihrem bisherigen Dasein mit ihrem Leben, Carol bleibt wiederum alleine zurück. Dennoch hatten Lady und Val vor ihrem gewaltsamen Tod eine Beziehung, die nicht perfekt romantisch, offen oder harmonisch war, aber die bewiesen hat, dass der Mensch in der Lage ist, einem anderen Menschen die Chance auf ein neues Leben zu schenken. Die Schicksalsschläge im Leben der Protagonisten überwiegen letztlich, und der Versuch eines Neuanfangs wird gewaltsam von der Übermacht der Kleinstadtgesellschaft unterdrückt. Dennoch ist die Hoffnung der Beteiligten, ihr verzweifelter Kampf um eine Verbesserung und ihr Lebenswille bis zum Schluss erhalten geblieben.

> Für mich ist die Vorstellung noch nicht zu Ende, der Affe ist noch nicht tot.
> Lady in „Orpheus steigt herab"[78]

VII.) Szenarium

Anmerkung: Da die Handlung in Akte und Szenen geteilt ist, welche teilweise sehr lang sind und in denen viele verschiedene Personen auf- und abtreten, habe ich mir erlaubt, die Szenenfolge im Szenarium ausführlicher zu unterteilen als im Stück.

---

[78] Tennessee Williams: „Orpheus steigt herab", S.145

Akt / Szene	Ort / Zeit	Personen	Handlung
I. / 1.1	Kurz- waren- handlung (KWH) / Abend	Beulah, Dolly / später Pee Wee, Dog	Beulah und Dolly bereiten ein Buffet vor für die Ankunft von Lady und Jabe Torrance, der von einem Krankenhausaufenthalt zurückkehrt. Sie schicken ihre Männer zum Zug, um das Ehepaar Torrance abzuholen. Während ihrer weiteren Vorbereitungen tratschen sie über den todkranken Jabe, Ladys ehemaliges Verhältnis zu David Cutrere und den Tod ihres Vaters, der bei einer Brandstiftung in seinem Weingarten umkam.
I. / 1.2	folgend	Carol, Beulah, Dolly / später Eva & Schwester Tempel	Carol Cutrere betritt den Laden, um mit ihrem Vetter Bertie zu telefonieren. Sie erzählt ihm, dass sie von der Frau ihres Bruders Geld bekommen wird, wenn sie sich in der Gegend nicht mehr blicken lässt. Eva und Schwester Tempel erscheinen auf der Treppe und versuchen, sich an Carol vorbeizuschleichen. Nach dem Telefonat sucht diese Munition für ihren Revolver. Im Hintergrund lästern die Frauen über Carol.
I. / 1.3	folgend	Onkel Pleasant, die Vorherigen	Der indianische Medizinmann erscheint, um Carol einen neuen Talisman, bestehend aus einem Tierknochen, zu zeigen. Auf ihren Wunsch hin stößt er den Kriegsruf seines Stammes aus und verschwindet damit
I. / 1.4	folgend	Val, später Vee, die Vorherigen	Auf den Kriegsruf hin erscheint Val Xavier. Vee Talbot kommt hinzu und zeigt ihr neues Bild, das sie nach einer religiösen Vision gefertigt hat. Danach stellt sie Val vor: sie habe ihn aufgelesen, nachdem sein Wagen eine Panne hatte, und er suche im Ort eine Anstellung. Die Frauen gehen hinaus, um die Torrances am Bahnhof abzupassen.
I. / 1.5	folgend	Carol, Val / später Vee	Carol hat Val als eine frühere Bekanntschaft erkannt und versucht ihn, da er damals die Uhr ihres Vetters gestohlen hat, zu erpressen. Sie möchte ihn dazu bringen, mit ihr "auf Fahrt zu gehen"; Val lehnt ab, da er sich nicht mehr für „solche Dinge" interessiere. Vee unterbricht das Gespräch.
I. / 1.6	folgend	Lady, Jabe, Dog, Pee Wee, Sheriff Talbot, Dolly, Beulah, Eva & Schwester Tempel, die Vorherigen	Jabe und Lady kommen mit den anderen vom Bahnhof. Nach einigen Feindseligkeiten zwischen den Eheleuten zieht sich Jabe nach oben zurück, die Männer und die Tempels folgen. Lady flieht vor der Frage, wie lange ihr Mann noch zu leben hätte; Vee geht ebenfalls nach oben.
I. / 1.7	folgend	Carol, Val, Beulah, Dolly	Carol möchte Val mitnehmen, unter dem Vorwand, er solle ihren Wagen reparieren; sie berichtet von ihrer Vergangenheit als politische Aktivistin, weshalb sie aber aus der Gemeinschaft des Städtchens ausgestoßen wurde. Im Hintergrund lästern wiederum die Frauen. Schließlich geht Carol alleine, Val zieht sich in den hinteren Teil des Ladens zurück.
I. / 1.8	folgend	Vee, Beulah, Dolly	Vee beschwert sich über das Verhalten der Frauen gegenüber Carol und unterstellt ihnen Scheinheiligkeit; diese weisen die Vorwürfe zurück. Vee zieht sich nach oben zurück, die Frauen gehen hinaus.
I. /1.9	folgend	Eva & Schwester Tempel	Die Tempels verlassen das Haus und lästern über Dolly und Beulah.
I. / 1.10	folgend	Sheriff Talbot, Dog, Pee Wee (Vee)	Die Männer kommen nach unten und verlassen ebenfalls den Laden, während sie über Jabes baldiges Ableben und den Neuankömmling Val sprechen. Der Sheriff missbilligt die Aufmerksamkeit, die seine Frau,

			welche wegen Val im Haus bleibt, dem „Vagabunden" widmet.
I. / 2	KWH / einige Stunden später	(Carol), Val, Lady (Mr Dubinsky)	Carol fährt vor dem Laden davon, Val kommt hinein. Lady, die im Laden mit dem Apotheker Dubinsky telefoniert, erkennt Val nicht und bedroht ihn mit einem Revolver. Er stellt sich als arbeitssuchend vor und berichtet von seiner Vergangenheit als Gitarrenspieler in Nachtlokalen sowie von seiner starken Wirkung auf Frauen. Lady erzählt ihm, nachdem er ihr die Unterschriften auf seiner Gitarre gezeigt hat, ebenfalls von ihrer Vergangenheit, nämlich vom Mord an ihrem Vater und ihrer Notheirat mit dem ihr verhassten Jabe. Sie erhält in der Zwischenzeit von Mr. Dubinsky ihre benötigten Schlaftabletten. Val erzählt ihr eine metaphorische Geschichte von Vögeln ohne Beine, die auf dem Wind schlafen. Lady stellt ihn ein, macht aber klar, dass es zu keinen Annäherungen kommen wird.
II. / 1.1	KWH / einige Wochen später, Nachmit- tag	Val, Lady	Lady beschuldigt Val einer schlechten Arbeitshaltung; er verteidigt sich. Beide stellen fest, wie wenig sie einander kennen, doch Val meint, dass man nie einen Menschen wirklich kennen lernen würde. Er berichtet von seiner Jugend und seiner ersten Annäherung an ein Mädchen in den Hexensümpfen, die er jedoch verließ und durch dieses Verlassen der ursprünglichen Wildnis und durch den Verlust seiner Unschuld „korrumpiert" wurde.
II. / 1.2	folgend	Eine Frau, später Dolly, Beulah, die Vorherigen	Eine Frau stürmt in den Laden, um mit Carols Bruder David zu telefonieren, da seine Schwester an der Tankstelle durch dauerndes Hupen für Aufsehen sorgt und den Ort nicht verlassen will. Ihr folgen Dolly und Beulah und beobachten die Szenerie durch das Fenster. Die Frau verschwindet wieder.
II. / 1.3	folgend	Dolly, Beulah, Lady, Val	Die Frauen wollen Lady dazu zwingen, Carol nicht zu bedienen; diese weigert sich, darauf einzugehen. Dolly versucht, Mr. Dubinsky zu erreichen, damit er Carol nicht bedient.
II. / 1.4	folgend	Carol, die Vorherigen	Carol kommt hinzu und wird von Lady bedient. Val nimmt einen Anruf von David Cutrere entgegen, der seine Schwester abholen wird. Wegen ihres lautstarken Tratschens über ihr Verhältnis zu David wirft Lady Beulah und Dolly hinaus.
II. / 1.5	folgend	Carol, Lady, Val	Carol möchte Val etwas Wichtiges mitteilen; Lady möchte jedoch nicht, dass sie im Laden bleibt, da sie den zu erwartenden David nicht wiedersehen möchte. Schließlich lässt sie die beiden doch alleine, um Davids Auto abzupassen
II. / 1.6	folgend	Carol, Val / später Lady	Carol äußert gegenüber Val ihren Wunsch nach Zuneigung und erklärt, durch ihre sexuellen Abenteuer ihre Einsamkeit unterdrücken zu wollen. Er möchte sich jedoch nicht darauf einlassen, da er nicht in etwas hineingezogen werden möchte. Sie warnt ihn davor, durch seinen Aufenthalt in der Stadt seine "Wildheit" zu verlieren. Lady stürmt in den Laden und fordert Carol auf, zu gehen, da ihr Bruder hier sei.
II. / 1.7	folgend	Carol, Val, Lady, David	David Cutrere erscheint, um Carol abzuholen. Diese geht schließlich hinaus zum Auto; Lady schickt Val weg, um mit David allein zu

			sprechen.
II. 1.8	folgend	Lady, David	Im Gespräch offenbart Lady David, dass sie von ihm schwanger war und das Kind abtreiben ließ, nachdem er sich von ihr getrennt hatte. Jedoch will sie ihn wissen lassen, dass ihr Leben trotzdem weitergeht. David verlässt sie nach dieser Beichte.
II. 1.9	folgend	Lady, Val	Lady bereut vor dem hinzukommenden Val ihr Verhalten gegenüber David.
II. 1.10.	KWH etwas später	Val, Vee / später Sheriff	Vee kommt, leicht geblendet vom Tageslicht, in den Laden und erzählt Val von ihren Visionen. Ihr Mann erscheint kurz, um Jabe zu besuchen. Val bewundert Vees Möglichkeit, ihren Visionen Ausdruck zu verleihen und „etwas Schönes zu schaffen", so dass er ihr einen Handkuss geben möchte. Der Sheriff ertappt ihn dabei und schickt seine Frau hinaus; Val gegenüber kündigt er an, ihn im Augen zu behalten.
II. 1.11	folgend	Lady, Val	Lady bietet Val an, in einem Alkoven im hinteren Ladenbereich zu schlafen, damit er nicht Geld für ein Motel ausgeben müsste. Schließlich erzählt sie ihm von ihrer Kindheit in Italien. Als sie kurz nach oben geht, um Bettzeug zu holen, öffnet Val die Ladenkasse und entnimmt etwas Geld, mit dem er verschwindet. Lady kommt zurück und bemerkt den Diebstahl.
II. / 2	folgend	Val, Lady	Val kehrt in den Laden zurück und legt das entliehene Geld wieder in die Ladenkasse. Er hat im Spiel gewonnen und will nun seine Sachen mitnehmen und gehen. Lady hält ihn jedoch auf. Val entlarvt, dass sie ihn in ihrer Nähe habe möchte, da sie mit ihrem Leben unzufrieden ist. Lady ist über die Anschuldigung aufgebracht, wirft sich dem Gehenden dann aber nahezu in den Weg, da sie ihn „braucht, um weiterzuleben". Val zieht sich in den Alkoven zurück und spielt auf seiner Gitarre, Lady folgt ihm hinter den Vorhang.
III. / 1	KWH Samstag vor Ostern, früher Morgen	Val, Lady / später Schwester Porter, Jabe	Lady versucht Val vor Jabe, der mit der Schwester die Treppe herunterkommt, zu verstecken; Jabe entdeckt ihn trotzdem. Als er die bunt geschmückte Konditorei, die am Abend eröffnet werden soll, begutachtet hat, zieht er sich wieder nach oben zurück. Noch auf dem Treppenabsatz verkündet er Lady, dass er am Mord an ihrem Vater beteiligt war. Kurz darauf erleidet er oben einen Blutsturz.
III. / 2	KWH der selbe Tag, Sonnenuntergang	Val, später Vee	Vee Talbot stürzt erblindet zu Val in den Laden und berichtet ihm von ihrer Vision des Heilands. In ihrer religiösen Ekstase führt sie seine Hand an ihre Brust.
III. / 2.1.	folgend	Sheriff Talbot, Val, Vee / später Dog	Der Sheriff, der das Ende der letzten Szene beobachtet hat, stürmt in den Laden und führt Vee hinaus; den draußen wartenden Dog schickt er als Wachposten hinein.
III. / 2.2	folgend	Val, Dog, Pee Wee	Pee Wee betritt nach Dog den Laden. Val wird von ihnen mit einem Messer bedroht. Er will gehen, läuft aber dem Sheriff in die Arme.

III. 2.3	/	folgend	Sheriff, Val, Dog, Pee Wee / später Schwester Porter	Der Sheriff kommt zurück und verdächtigt Val, ein gesuchter Sträfling zu sein. Die Männer provozieren ihn, zerreißen sein Hemd und untersuchen seine Gitarre; in diesem Moment versucht Val, diese an sich zu reißen. Durch den Lärm aufgeschreckt, erscheint oben Schwester Porter, die sich nach Ladys Verbleib erkundigt. Der Sheriff reißt die Männer von Val weg und schickt sie nach oben zu Jabe.
III. 2.4.	/	folgend	Sheriff, Val	Sheriff Talbot macht Val deutlich, dass er bis zum Morgen die Stadt verlassen muss. Danach geht er. Val zieht sich in den Alkoven zurück.
III. 3.1	/	KWH eine halbe Stunde später	Dolly, Beulah / später Eva & Schwester Tempel	Dolly und Beulah kommen in den Laden, auf der Suche nach ihren Männern. Die Tempels erscheinen und bitten um Ruhe wegen Jabe, der eine Bluttransfusion hinter sich hat. Man wundert sich, wohin Lady verschwunden ist und warum sie die Gala-Eröffnung unbedingt stattfinden lassen will. In der Dekoration erkennen die Frauen schließlich den Weingarten von Ladys Vater. wieder Die Tempels ziehen sich in die Konditorei zurück.
III. 3.2	/	folgend	Lady, Dolly, Beulah	Lady betritt den Laden. Sie erzählt eine Anekdote von ihrem Vater.
III. 3.3	/	folgend	Carol, die Vorherigen	Carol kommt hinzu. Sie sucht Val, um mit ihm aus der Stadt zu fahren, da ihr der Sheriff gesagt hat, er würde gehen. Lady will Carols ständige Annäherungsversuche an Val unterbinden.
III. 3.4	/	folgend	Onkel Pleasant / später Val, Pee Wee, Dog; die Vorherigen	Der Medizinmann kommt hinzu und stößt auf Carols Bitte erneut den Kriegsruf aus. Auf dieses Zeichen hin erscheint Val aus dem Alkoven. Die Frauen laufen aus dem Laden, ihre Männer vertreiben Onkel Pleasant und gehen selbst. Auch Carol geht, nach dem Hinweis, dass „in diesem Land" noch etwas „Wildes" sei.
III. 3.5	/	folgend	Lady, Val	Val will die Stadt verlassen, aber Lady versucht, ihn mit allen Mitteln halten. Sie will ihn damit erpressen, dass er Schulden bei ihr hätte, und droht sogar, seine Gitarre zu zerschmettern. Schritte von oben unterbrechen sie.
III. 3.6	/	folgend	Schwester Porter, Lady, Val	Miss Porter kommt hinunter. Lady erkundigt sich bei ihr, ob man Jabes Leiden nicht verkürzen könnte. Als die Schwester sie darauf eines Mordplans beschuldigt , entlässt Lady sie. Im Gehen verkündigt die Schwester Lady, dass diese (offensichtlich von Val) schwanger ist.
III. 3.7	/	folgend	Lady, Val / später Jabe, mehrere Männer	Lady verfällt aufgrund der Nachricht in eine heftige Euphorie und ruft lautstark zu ihrem Mann hinauf, dass sie ihn besiegt hätte. Dieser schleppt sich die Treppe hinunter und erschießt Lady in Vals Armen, bevor er auf die Straße läuft und Val als Mörder seiner Frau ausruft. Mehrere Männer stürmen den Laden und zerren Val hinaus.
III. 3.8	/	folgend	1. & 2. Mann	Zwei der Männer, die Val gepackt haben, sind im Laden geblieben, um die Kasse auszuräumen. Sie flüchten danach.
III. 3.9	/	folgend	Carol / später Onkel Pleasant, Sheriff	Carol betritt den Laden. Der Medizinmann erscheint mit Vals Schlangenhautjacke, die Carol an sich nimmt. Der Sheriff kommt hinzu und will sie aufhalten, aber sie verlässt trotz seiner Warnungen den Laden. Als der Sheriff ihr folgt, bleibt Onkel Pleasant alleine zurück.

29

C. Carol Cutrere

Ich bin nichts als eine sittenwidrige Herumtreiberin. Und ich zeige es den Leuten, wie sittenwidrig eine Herumtreiberin sein kann, wenn sie es mit Leib und Seele tut!

Carol in „Orpheus steigt herab"[79]

I.) Portrait der Figur

Zarte Naturen, Menschen, die keine Kraft haben, müssen verführen können! Sie brauchen einen gewissen Glanz um sich, eine Aura (...) Und ich beginne, meinen Reiz zu verlieren, ich werde schon welk. Ich weiß nicht, wie lange ich noch meinen Zauber ausüben kann (...)

Blanche DuBois in „Endstation Sehnsucht"[80]

Wie Ihnen vielleicht schon aufgefallen ist, verliebe ich mich recht leicht und noch leichter, wenn das Objekt mir menschliche Wärme, Zuneigung und „ewige Liebe" entgegenbringt.

Tennessee Williams, „Memoiren"[81]

Die Figur der Carol Cutrere zählt zu den zahlreichen einfühlsam gezeichneten und daher auch von ihren problematischen Seiten gezeigten Frauenfiguren von Tennessee Williams. Meiner Ansicht nach lässt sich diese Figur von ihrer Komplexität her sogar in einem Atemzug mit den bekanntesten Charakteren der Williams´ schen Dramen wie Blanche DuBois aus „Endstation Sehnsucht" und Laura Wingfield aus der „Glasmenagerie" nennen. Wie die beiden anderen Figuren liegt das Grundproblem in einem reichen Innenleben und einer hohen Empfindsamkeit, gepaart mit einer Sehnsucht nach Zuneigung und Verständnis, die jedoch falsch kanalisiert oder unterdrückt wird und die Figuren in die Einsamkeit treibt. Carol unterscheidet sich jedoch in zwei Punkten von den typischen Williams-Frauenfiguren: nämlich einerseits durch ihre aktive Rebellion und andererseits durch ihren offenen Umgang mit ihrem falsch kanalisierten Sexualleben.

Bereits bei ihrem ersten Auftritt wird deutlich, wie sehr sich Carol von den anderen Kleinstadtbewohnern abgrenzt – allein in ihrem Aussehen, das von Williams sehr markant in der Regieanweisung geschildert wird: „Sie ist etwas über dreißig und, obwohl sie nicht ausgesprochen hübsch ist, von einer seltsam abwegigen, flüchtigen Schönheit, die noch dadurch ins Groteske gesteigert wird, dass sie ähnlich geschminkt ist wie ein Tänzer namens Valli, der kürzlich die Bohèmekreise von Frankreich und Italien begeisterte – Gesicht und Lippen weiß gepudert, die Augen schwarz umrandet und die Augenlider blau."[82] Schon hier wird klar: diese Frau ordnet sich nicht der allgemeinen Norm unter. Ihrer Herkunft nach würde man dies allerdings nicht vermuten: „Der Name, den sie trägt, ist einer der ältesten und vornehmsten des Landes."[82] Gegen diese vornehme Herkunft scheint sie sich aber mit allen Mitteln zu stellen. Auf Vals Frage, warum sie sich so extrem schminken würde, antwortet sie: „Aus Abgeberei. (...) Ja, ich will, dass man Notiz von mir nimmt. Man soll mich

---

[79] Tennessee Williams: „Orpheus steigt herab", S.82
[80] Tennessee Williams: „Endstation Sehnsucht", S.80f.
[81] Tennessee Williams: „Memoiren", S.236
[82] Tennessee Williams: „Orpheus steigt herab", S.66

sehen, hören, fühlen ...! Man soll wissen, dass ich lebe!"[83] Hinter dieser Aussage könnte der Wunsch stecken, nicht wegen eines bekannten Namens wahrgenommen zu werden, sondern wegen der eigenen Persönlichkeit und Entwicklung.

Carol provoziert die Aufmerksamkeit ihrer Umgebung ständig, nicht nur durch ihr Aussehen, sondern auch durch ihr Verhalten, wenn sie zum Beispiel vor den empörten Stadtfrauen Geld aus der Kasse der Kurzwarenhandlung nimmt, um mit ihrem Vetter ein Telefongespräch über die erfolgreiche moralische Erpressung ihrer Schwägerin zu führen und kurz darauf Munition für ihren Revolver zu suchen.[84] Als man sich an einem anderen Tag weigert, sie an der Tankstelle zu bedienen, hupt sie ununterbrochen, um nicht ignoriert zu werden.[85] Zudem pflegt sie engen Kontakt mit dem indianischen Medizinmann Onkel Pleasant, mit dem sie kleine Rituale wie die Begutachtung von Tierknochen als Talisman und den traditionellen Kriegsruf praktiziert[86].

Ihre kleinen und größeren Akte der Rebellion gegenüber den Stadtbewohnern sind jedoch nie begleitet von einer fluchenden oder in der Lautstärke ausfallenden Sprache. Sie lächelt häufig, während sie spricht; dieses Lächeln wird noch heiterer, wenn sie sich zu Lästereien hinter ihrem Rücken äußert[87]. Es scheint jedoch kein triumphierendes oder abschätziges Lächeln zu sein, sondern eher aus einem tieferen Wissen um echte Fröhlichkeit und Moral, die ihr allerdings nirgendwo beantwortet wird. Teilweise spricht auch eine tiefsitzende Verzweiflung aus ihrem Lachen, welches sie in diesen Fällen als Schutzmechanismus einsetzt. Sie spricht offen aus, was sie denkt oder wie die Umstände sich ihr präsentieren, womit sie bei der Kleinstadtgesellschaft stark aneckt. Diese Ehrlichkeit bezieht sich in Vals Fall sowohl auf die Bereitschaft, ihn zu erpressen, als auch auf ihre starke Zuneigung zu ihm. "Ihre Stimme ist seltsam klar und kindlich"[88] schildert Williams in einer Regieanweisung; auch scheint Carol ihre Umwelt genau und ehrlich zu observieren: "Sie [...] beobachtet Val mit der naiven Neugier, mit der ein Kind ein anderes beobachtet"[89]. Dies bildet einen besonders starken Kontrast zu ihrer Lebenserfahrung. Carol versinkt auch immer wieder in ihren eigenen Gedanken und Emotionen; besonders in diesen Momenten oder in solchen, in denen sie sich zu Phänomenen wie der Kommunikation mit Toten oder den Indianerritualen äußert, schwingt in ihrer Stimme diese bestimmte, kindliche Klarheit mit. Es scheinen die Momente zu sein, in denen Carol wirklich ehrlich und "unzensiert" etwas von sich preisgibt, ohne dabei eine "Fassade" aufrechterhalten zu wollen oder zu müssen. Gerade diese Ehrlichkeit wirkt auf Außenstehende jedoch "verdächtig" und unangebracht, so dass sie damit viel mehr provoziert als mit aufgesetzten Tiraden.

Mehr Aufmerksamkeit als durch ihre Aufmachung und ihre kleinen Provokationen erzielt Carol jedoch durch ihren generellen Lebenswandel: sie ist in der Stadt als Herumtreiberin verschrien, die

---

[83] Tennessee Williams: „Orpheus steigt herab", S.81

[84] vgl. Tennessee Williams: „Orpheus steigt herab", S.67ff.

[85] vgl. Tennessee Williams: „Orpheus steigt herab", S.101f.

[86] vgl. Tennessee Williams: „Orpheus steigt herab", S.70

[87] vgl. Tennessee Williams: "Orpheus steigt herab", S.81

[88] vgl. Tennessee Williams: "Orpheus steigt herab", S.67

[89] vgl. Tennessee Williams: "Orpheus steigt herab", S.73

nächtelang durch Bars zieht - bei einer solchen Gelegenheit lernte sie Val kennen - und sich einen Liebhaber nach dem anderen nimmt. Die wildesten Geschichten sind über sie im Umlauf, wie eine Erzählung von Beulah zeigt: „Das letzte Mal, als man sie auf der Landstrasse aufgriff, soll sie nackt unter ihrem Mantel gewesen sein."[90] Sie selbst bestätigt ihren „Männerverschleiss", als sie Val dazu bringen möchte, mit ihr zu kommen und ihm lapidar den üblichen Ablauf solcher Abende mit Alkohol, Musik und Sex schildert: „Oh, man steigt in einen Wagen und trinkt ein bisschen und fährt ein bisschen und hält an und tanzt ein bisschen nach einem Musikautomaten (...) [Was man dann tut?] Das hängt vom Wetter ab, und davon, mit wem man ist. Wenn die Nacht hell ist, breitet man eine Decke aus zwischen den Grabsteinen auf dem Zypressenhügel unseres Knochengartens (...) aber wenn die Nacht nicht hell ist (...), nun, dann geht man gewöhnlich zu den Wildwood-Kabinen auf der Dixie-Autobahn zwischen hier und Sunset."[91] Ihre Eskapaden haben inzwischen dazu geführt, dass ihr Bruder und ihre Eltern ihr den Aufenthalt in der Stadt verboten haben und sie von allen Bewohnern gemieden wird. Dieses Verbot weiß sie jedoch für ihre eigenen Zwecke zu nutzen, indem sie die Familie ihres Bruders mit der Vorwarnung, ihren Lebensstil weiterhin vor Ort zu praktizieren, erpresst, um regelmäßig an Geld zu kommen: „(...) alles ist in Ordnung: ich kriege wieder jeden Monat meinen Scheck unter der Bedingung, dass ich nie mehr hierher zurückkomme! Ich musste sie etwas erpressen!"[92] In Carol Cutrere könnte man also eine rebellische Hedonistin sehen, oder, wie Williams eine seiner Damenbekanntschaften auf der Universität bezeichnete: „eine hysterische Nymphomanin"[93] mit morbiden Phantasien. So einfach kann man es sich hier allerdings nicht machen. In Carol sehe ich in erster Linie ein verzweifeltes und völlig vereinsamtes Mädchen im Körper einer Frau, die ihre Einsamkeit mit allen Mitteln zu „überschreien" versucht. Ihren exzentrischen Lebenswandel und ihre sexuellen Abenteuer benutzt sie - ähnlich wie Blanche aus „Endstation Sehnsucht" - dazu, sich selbst besser zu spüren und ihre Einsamkeit kurzzeitig zu überbrücken. Eigentlich versteckt sich hinter dieser „unmoralischen", abgebrühten Fassade ein empfindsamer, engagierter Charakter, der zu lange missverstanden wurde und daher eine falsche Richtung einschlug. Carol scheint nie viel Wert auf ihre privilegierte Herkunft gelegt zu haben, da man an ihr nicht einen einzigen eitlen oder abschätzigen Zug wahrnimmt. Ihr Vetter Bertie, mit dem sie häufig unterwegs ist und mit dem sie die Vorliebe für Alkohol teilt, scheint für sie eine Bezugsperson, fernab von sexueller Anziehung, zu sein, da sie mit ihm offen über ihre Erpressung der Familie ihres Bruders spricht[94]; ihr Bruder David wirkt durch sein Verhalten, als er sie in der Kurzwarenhandlung abholt, wie eine Vaterfigur, der sie wie ein verschüchtertes Kind folgt[95]. Ihr Verhältnis zu ihren Eltern scheint dagegen

---

[90] Tennessee Williams: „Orpheus steigt herab", S.67
[91] Tennessee Williams: „Orpheus steigt herab", S.76
[92] Tennessee Williams: „Orpheus steigt herab", S.68
[93] Tennessee Williams: „Memoiren", S.44
[94] vgl. Tennessee Williams: „Orpheus steigt herab", S.68
[95] vgl. Tennessee Williams: „Orpheus steigt herab", S.110f.

schwieriger zu sein, da auch diese ihr den Aufenthalt in der Stadt verboten haben und ihr Vater „gelähmt im Bett"[96] liegt, was man ihrem schlechten Lebenswandel zuschreibt.

Früher nutzte Carol jedoch die Beziehung zu ihren Eltern auf unkonventionelle Weise. Sie verwendete das Geld ihrer Familie, um sich politisch und sozial zu engagieren: „Ich hielt Reden an Straßenecken und schrieb Protestbriefe gegen die langsame, systematische Abschlachtung der schwarzen Mehrheit in dieser Gegend (...). Ich wollte freie Klinik für jeden, ich verschleuderte Geld, das meine Mutter mir dafür gab."[97] Die engstirnigen Kleinstadtbewohner nahmen ihr dieses Engagement jedoch übel, da es gegen die guten Sitten zu verstoßen schien und stießen Carol nach einer ihrer spektakulären Protestaktion aus der Gemeinschaft aus[98]. Diese Ausgrenzung als „sittenwidrig" für etwas, das eigentlich als noble Haltung anerkannt werden sollte, scheint Carol den entscheidenden Schlag versetzt und ihr Weltbild negativ verändert zu haben: „Nun, das alles ist jetzt schon ziemlich lange her, und ich bin keine Weltverbesserin mehr. Ich bin nichts als eine sittenwidrige Herumtreiberin."[99] Das heißt, sie rebelliert nun auf ihre eigene Weise gegen die Doppelmoral der Gesellschaft, indem sie bewusst provoziert. Sie selbst fühlt sich dieser Gesellschaft nicht zugehörig und bezeichnet sich daher als „Flüchtige"; Val, der ebenfalls nicht in das gesellschaftliche Bild passt, betrachtet sie daher als einen Gleichgesinnten. Mit dem Chocteau-Indianer Onkel Pleasant verbindet sie ihre Suche nach Ursprünglichkeit und Wildheit, in der sie eine gütigere und menschlichere Lebensweise vermutet. Die moderne Welt erscheint ihr im Gegensatz dazu als abweisend und „krank".

Ihre Suche nach Güte ist gleichzusetzen mit ihrer Sehnsucht nach echtem menschlichen Kontakt, nach Zuneigung und Liebe. Da diese Hoffnung aber (wohl mehr als einmal) bitter enttäuscht wurde, hat sie inzwischen einen anderen Weg eingeschlagen, um wenigstens kurzzeitig ihre Einsamkeit zu überwinden – nämlich in zahllosen sexuellen Abenteuern. Wenn Carol von „Liebe" spricht, meint sie damit vorrangig die körperliche Liebe, durch die sie krampfhaft Nähe und Zärtlichkeit sucht. Der Konflikt besteht darin, dass sie genau weiß, dass dies nicht die Lösung ist: „Liebe ist etwas Qualvolles für mich...beinah unerträglich schmerzhaft, und doch ertrage ich den Schmerz und die Qual, um nicht allein zu sein, wenn auch nur ein paar Augenblicke lang."[100] Obwohl sie offensichtlich hasst, was sie sich antut, ist sie bereit, es auszuhalten – allein daran sieht man, wie einsam sich diese Frau fühlt. Sogar ihr wahres Alter versucht sie zu verbergen, um ihren „Marktwert" zu erhalten – gegenüber Val, behauptet sie, erst 29 zu sein. Ihr sexuelles Verhalten steht im krassen Gegensatz zu ihrer fast kindlichen offenen Art und der Unschuld, die sie in ihrer Vorliebe für das „Wilde" sucht. Val erkennt bald, wie fragil Carol innerlich und äußerlich aufgrund ihrer Situation und Gefühle ist: „Was ist das? Der Arm eines Menschen? Er fühlt sich an wie ein Zweig, den man zwischen zwei Finger zerbrechen

---

[96] Tennessee Williams: „Orpheus steigt herab", S.77
[97] Tennessee Williams: „Orpheus steigt herab", S.81
[98] vgl. Tennessee Williams: „Orpheus steigt herab", S.91
[99] Tennessee Williams: „Orpheus steigt herab", S.82
[100] Tennessee Williams: „Orpheus steigt herab", S.108

kann. (...) Dein Körper würde unter dem Gewicht eines Mannes zusammenbrechen...geh, geh fort...“[101]

Carol weiß, dass sie unfruchtbar ist („Ich...ich werde nie ein Kind haben können.“[102]) und dass es ihr nie vergönnt sein wird, einem Kind ihre echte Liebe zu schenken und es im Geist der Nächstenliebe, die sie selbst praktizieren wollte, aufzuziehen. Diese Vorstellung scheint ihr einen seelischen Todesstoß versetzt zu haben; so ist es nicht verwunderlich, dass sie ihre „unerträglich schmerzhaften“ Liebesabenteuer auf den örtlichen Friedhof praktiziert. Etwas in Carol Cutrere ist längst zerbrochen und tot, deshalb fühlt sie sich den Toten auch so nah; dennoch hat sie ihren Kampfgeist noch nicht völlig verloren und sucht – zum Beispiel in Val – nach einer Sinngebung für ihr Leben. Denn Leben um jeden Preis will sie, so intensiv wie es ihr möglich ist: „Fahren Sie mit mir auf den Zypressenhügel. Wir werden die Toten reden hören. (...) aber sie sagen nur ein einziges Wort, und diese Wort heißt: lebe! (...) Es ist der einzige Rat, den sie uns geben können.“[103]

> Rose hat nie zugegeben, und wird es wohl auch nie tun, dass es den Tod gibt. Und doch sagte sie einmal: „In der vergangenen Nacht hat es geregnet. Und mit dem Regen kamen die Toten.“ „Du meinst, ihre Stimmen?“ „Ja, natürlich ... ihre Stimmen.“
>
> *Tennessee Williams, „Memoiren“[104]*

II.) Fiktive Biographie – Das Leben einer Überlebenden

Anmerkung: Die folgende Biographie sowie das anschließende subjektive Szenarium sind der Versuch einer Schauspielerin, sich der Figur anzunähern und einen Hintergrund für die Rollenarbeit zu schaffen. Daher basieren beide Punkte nur lose auf Fakten des Stückes und wurden durch kreative Einschübe erweitert. Anhand dieser Punkte kann der Leser eine der vielen Möglichkeiten einer schauspielerischen Herangehensweise betrachten, welche nicht völlig wissenschaftlich abgehandelt werden kann und darf.

> Es gab einmal eine Zeit, da wollte ich die Welt verbessern.
>
> *Carol in „Orpheus steigt herab“[105]*

> Mancher Mensch hat ein großes Feuer in seiner Seele, und niemand kommt, um sich daran zu wärmen.
>
> *Vincent van Gogh*

Carol Cutrere wird als zweites Kind von Edward und Lillian Cutrere an einem schwülen Sommertag auf dem Landgut ihrer Eltern, unweit der Kleinstadt Knoxton geboren. Ihr Vater, Edward Cutrere, stammt aus einer der reichsten und vornehmsten Familien der Südstaaten, die das Geld aus ihrer Plantagenwirtschaft vor dem Bürgerkrieg retten konnten und nach wie vor mit der Baumwollernte und – vermarktung ihr Einkommen bestreiten. Ihre Mutter Lillian ist eine ehemalige, mäßig erfolgreiche Hollywood-Schauspielerin, die Edward Cutrere auf einem Wohltätigkeitsball kennen gelernt hatte. Noch Jahre später wird sie Bekannten auch in Gegenwart von Carol erzählen, dass sie nach der Geburt

---

[101] Tennessee Williams: „Orpheus steigt herab“, S.108
[102] Tennessee Williams: „Orpheus steigt herab“, S.108
[103] Tennessee Williams: „Orpheus steigt herab“, S.82
[104] Tennessee Williams: „Memoiren“, S.165
[105] Tennessee Williams: „Orpheus steigt herab“, S.81

ihrer zwei Kinder eigentlich ins Filmgeschäft zurückkehren wollte, aber dass die zweite Schwangerschaft ihre Figur entgültig ruiniert hätte.

Der Vater, dessen Beziehung zu seiner chronisch unzufriedenen Frau schon bald erkalten sollte, beschäftigt sich nicht oft mit seinem Kind, da er durch seine Geschäfte immer abgelenkt ist. Die Mutter behandelt das Mädchen oft von oben herab; zwar werden ihm alle materiellen Wünsche erfüllt, doch mangelt es an echtem, liebevollem Kontakt zwischen Mutter und Kind. Freundschaften zu anderen Gleichaltrigen kann sie kaum aufbauen, da sie auf dem Gut ihrer Eltern Privatunterricht erhält. An eine weiterführende Ausbildung denkt vor allem der Vater nicht, da Carol sowieso einen angemessen reichen Mann heiraten und dessen Kinder erziehen soll. Kontakt besteht nur sporadisch zu den Kindern der Plantagenarbeiter, welche allerdings aufgrund des gesellschaftlichen Unterschieds von ihr ferngehalten werden. Oft schenkt Carol diesen Kindern heimlich ihr Spielzeug und Taschengeld, um von ihnen gemocht zu werden.

Echte Zuneigung sucht Carol bei ihrem älteren Bruder David. Dieser hat, als Erbe des Familienvermögens, früh die Rolle des vernünftigen Erwachsenen übernommen, weswegen er Carol weniger als älterer Bruder als vielmehr ein Ersatzvater behandelt. Zudem entwickelt Carol eine enge Bindung zu ihrem schwarzen Kindermädchen Debbie, die viel Zeit mit ihr verbringt, ihr alte afrikanische Lieder vorsingt und Geschichten von ihren Vorfahren und ihren Ritualen erzählt. Diese bunte, fremde Welt ist für Carol so viel lebendiger und faszinierender als ihre eigene, emotional unterkühlte Umgebung. Auf ihren Wunsch hin nimmt Debbie sie, als sie neun Jahre alt ist, zu einem nächtlichen Treffen der schwarzen Plantagenarbeiter mit, die sich öfters heimlich mit den ansässigen Chocteau-Indianern an einem Lagerfeuer nahe der Baumwollfelder treffen, um die Erinnerung an alte Rituale ihrer Vorfahren wach zu halten, zu singen, zu tanzen und Geschichten zu erzählen. Hier lernt Carol Onkel Pleasant, den Medizinmann kennen und freundet sich mit ihm an. Sie ist fasziniert von den Bräuchen, die er kennt, und von der herzlichen, warmen Art, die er ihr entgegenbringt. An diesem Abend hält er am Lagerfeuer ein Ritual ab, um mit den Toten zu sprechen; er widmet dieses Ritual Carol und verspricht ihr die Fähigkeit, ab jetzt mit ihren Ahnen kommunizieren zu können. Als Carol nachts in ihrem Zimmer ein Klopfen hinter ihrer Zimmerwand hört, ist sie überzeugt davon, dass der Zauber funktioniert hat und sie die Toten sprechen hört. So flüchtet sich das Mädchen immer mehr in ihre eigene Welt und die der nächtlichen Treffen der Plantagenarbeiter. Als ihre Eltern jedoch von einem solchen Treffen und Carols Anwesenheit dort erfahren, wird die Zusammenkunft von Polizisten gesprengt; ihr Kindermädchen Debbie wird von Edward Cutrere brutal geschlagen und sofort entlassen. Carol ist nun, mit 11 Jahren, wieder abgeschottet von der Außenwelt; sie liest viele Bücher und schreibt Gedichte und Kurzgeschichten. Als sie 13 ist, wird sie eines Abends, als sie von einem Spaziergang nach Hause zurückkommt, von einem der Plantagenarbeiter angehalten und zu einer Scheune gebracht. Der Mann beginnt dort, im Schutz des Gebäudes, Carol zu küssen und anzufassen. Als diese sich zaghaft wehrt – da sie einfach nicht weiß, was vor sich geht -, versichert er ihr, er würde sie lieben, und dass man „das so machen würde", wenn man sich liebt. Als er draußen einige

Beschäftigte vorbeikommen hört, flüchtet er. Das völlig verstörte Mädchen kommt nach Hause und beichtet seiner Mutter alles; diese ohrfeigt sie und wirft ihr vor, „verdorben" zu sein und es „provoziert" zu haben. Der Arbeiter wird entlassen; auf eine Anzeige verzichtet man, um nicht ins Gerede zu kommen.

Bei ihren ständigen Streitereien diskutieren die Eltern auch immer wieder über Carols Zukunft. Aufgrund des jüngsten Vorfalls erscheint es sinnvoll, sie eine normale Schulausbildung machen zu lassen, um sie in eine andere Umgebung zu bringen und nicht ständig im Haus zu haben. Schließlich setzt sich ihre Mutter durch und bringt Carol mit 14 Jahren an einer privaten Highschool mit Internat in der Nähe von New Orleans unter. Hier verliebt sich Carol in einen Schüler aus einer höheren Klasse, was aber unglücklich endet: der Junge spürt ihre Unerfahrenheit, verführt sie, um mit ihr zu schlafen und danach nie wieder ein Wort mit ihr zu sprechen. Dieses Erlebnis traumatisiert Carol, die sich hier endlich Nähe und Zuneigung von einem anderen Menschen erhofft hatte. Die Worte des Arbeiters, der sie belästigt hatte, über „Liebe" lassen sie nicht los. Durch ihre naive, aber körperlich bereits sehr weibliche Ausstrahlung und ihre Suche nach Zärtlichkeit wird sie von den Jungen auf der Highschool bald zu einem leichten Opfer für schnelle sexuelle Abenteuer. Es heißt, man müsse „der Cutrere nur erzählen, dass man sie liebt, und sie lässt einen ran". Ohne es zu wollen, handelt sich Carol den Ruf einer Nymphomanin ein. Unter dem ständigen Druck der Suche nach Zuneigung verschlechtern sich ihre Leistungen, obwohl sie als sehr intelligent eingestuft wird. Als die Schulleitung von Carols sexuellen „Eskapaden" erfährt, wird sie von der Highschool verwiesen und nach Hause geschickt; da der Direktor aber einen Skandal und eine Klage des vermögenden Vaters fürchtet, wird als eigentlicher Grund eine mangelhafte Arbeitshaltung angeben. Die Eltern sind enttäuscht und lassen Carol vorerst zuhause. Auf ihren ausdrücklichen Wunsch hin senden sie sie aber kurze Zeit später auf die öffentliche Highschool von Knoxton. In dieser Zeit, mit 16 Jahren, beginnt Carol ein Verhältnis mit Peter, einem jungem Angestellten ihres Vater, der in der Verwaltung der Plantage arbeitet. Sie liebt ihn aufrichtig und fühlt sich zum ersten Mal auch selbst geliebt. Er verspricht ihr, dass er sie heiraten wird, sobald er befördert wird. Als sie aber von ihm schwanger wird, verlässt er sie aus Angst vor den Konsequenzen und kündigt sofort, um in einen anderen Bundesstaat zu gehen. Carol bleibt alleine mit ihrem ungeborenen Kind und weiß sich keinen anderen Ausweg, als zu einem Doktor in New Orleans zu fahren, der illegal Abtreibungen vornimmt. Bei dem Eingriff kommt es jedoch zu Komplikationen – der Arzt eröffnet Carol, dass sie unfruchtbar sein wird und nie mehr ein Kind haben könne. Carol ist völlig traumatisiert von dieser Nachricht und beginnt in der damit einhergehenden Depression zu trinken und ihr altes sexuelles Verhalten an ihrer jetzigen Highschool wieder aufzunehmen. Inzwischen ist sie 17, als sie erfährt, dass Debbie und ihre gesamte Familie im Sommer durch eine unter den Arbeitern gravierende Seuche ums Leben gekommen sind, was man der mangelnden Hygiene in den Unterkünften und Unterernährung der Leute zuschreibt. In Carol regt sich Wut, vor allem auf ihren eigenen Vater, der seine Leute unter solchen Bedingungen arbeiten lässt. Sie beginnt ihren politischen Aktivismus; die Mutter, die insgeheim Carols Protest gegen ihren Vater unterstützt, gibt ihr dazu Geld, dass sie selbst von ihrem Ehemann erhält. In diese Zeit fällt auch das Verhältnis ihres Bruders David zu Lady, von dem Carol nicht viel weiß, was sie aber deckt und befürwortet, da ihr die temperamentvolle und ursprüngliche Italienerin gefällt und ihren Bruder endlich aus seiner „Erwachsenenstarre" zu lösen scheint. Als jedoch der Weingarten niedergebrannt wird, sieht sich David dem Druck nicht gewachsen und heiratet nach nur wenigen Wochen Betsy Boo Harris, die Tochter eines Unternehmers. Carol versteht nicht, warum ihr Bruder das getan hat und entfernt sich emotional ein wenig von ihm. Umso ehrgeiziger verfolgt sie ihren Protest; ihr Marsch zum Kapitol in einem Kartoffelsack beendet jedoch schlagartig diese Phase, als ihr deutlich gemacht wird, dass ihr Verhalten als „unmoralisch" empfunden wird. Ihre Eltern erklären ihr, sie werden sie von der Schule, wo sie bereits eine Klasse wiederholt hat, nehmen. Carol bricht daraufhin freiwillig ihre Ausbildung ab und beginnt, ihr sexuelles Verhalten von früher noch zu steigern. Sie zieht nun nächtelang durch Bars, nimmt jeden Mann mit, der ihr gefällt, und verbringt mit ihm die Nacht in einem schmutzigen Motel an der Autobahn oder auf dem Friedhof – manchmal kann sie hier noch die Toten hören, während sie den Akt über sich ergehen lässt, um wenigsten einen Moment von jemandem im Arm gehalten zu werden. Als sie mit 24 Jahren bei einer solchen Aktion von der lokalen Polizei verhaftet wird und ihrem wütenden Vater ihr Verhalten schildern muss, erleidet der ohnehin geschwächte Edward Cutrere einen Herzanfall. Von diesem erholt er sich zwar geistig, aber seine Beine bleiben paralysiert, so dass er ans Bett gefesselt bleibt. Carol wird nach diesem Vorfall von ihren Eltern – auch auf Bitte der Behörden - nach New Orleans geschickt, um bei ihrem Vetter Bertie zu leben. Man schickt ihr regelmäßig Geld, da sie selbst nichts verdient, aber unter der Bedingung, sich nie wieder in der Gegend blicken zu lassen. Eine Zeitlang befolgt sie dies, auch wegen der Schuldgefühle, die sie sich seit dem Anfall ihres Vaters macht. Nach einer Weile fährt sie jedoch regelmäßig in ihre Heimat, um wieder Kontakt zu ihrem Bruder und ihren Eltern zu suchen und um Onkel Pleasant zu sehen. Da sie aber die einzige Aufmerksamkeit durch ihr sexuelles Verhalten erweckt, praktiziert sie vor allem dies weiter. Dies tut sie nun seit sechs Jahren, insgeheim immer noch auf der Suche nach jemandem, der sie ohne Vorbehalte liebt.

III.)Entwicklung der Figur anhand eines subjektiven Szenariums

Sz.	Bühnenhandlung & Motivation	Unsichtbare Handlung & Motivation
I / 1.1		Carol fährt mit ihrem offenen Wagen auf der Landstrasse in die Kleinstadt. Sie hat gute Laune, da sie es wieder einmal geschafft hat, die Frau ihres Bruders David so weit zu provozieren, dass diese ihr jeden Monat einen Scheck schicken wird, um sie fernzuhalten. Dabei fragt sie sich wieder, wie ihr Bruder nur diese unausstehlich biedere Frau heiraten konnte. Während sie die Hauptstrasse des Ortes entlang fährt, starren sie die Menschen an der Strasse misstrauisch an, manche der Männer auch mit einem

		anzüglichen Grinsen. Carol blickt ruhig und offen zurück, bis die Leute den Blick abwenden. Als sie ihr Auto vor Ladys Laden geparkt hat und aussteigt, um Bertie anzurufen, bleibt sie mit ihren hohen Schuhen an der schlecht zementierten Bordsteinkante hängen. Nach dem ersten Ärger darüber erinnert sie sich an die alte Weisheit, dass man die Liebe seines Lebens am selben Tag treffen wird, an dem man seinen Absatz verliert. Die Vorstellung bringt sie zum Lächeln; während sie die Schuhe abstreift und auf den Autorücksitz legt, überlegt sie, ob sie sofort zu Bertie fahren soll oder liebern die Nacht in einer Bar verbringen soll, auf der Suche nach ihrer „großen Liebe".
I / 1.2	Carol betritt den Laden und spürt sofort mit Genugtuung, wie die Unterhaltung zwischen den Frauen stockt. Sie ignoriert Dolly und Beulah, da sie jetzt erst einmal mit Bertie sprechen möchte, um ihm ihre verspätete Ankunft mitzuteilen. Als die Vermittlung nicht die Kosten für das Gespräch übernehmen möchte, nimmt sie sich etwas Kleingeld aus der Ladenkasse – sie wird es Lady irgendwann wiedergeben, wenn sie sich einige Wochen nicht hat blicken lassen. Während dem Gespräch mit Bertie steigert sie nach und nach ihre Lautstärke, da sie spürt, wie sie die Frauen damit schockieren kann. Am Ende des Telefonats fällt ihr ein, dass sie keine Munition mehr für ihren Revolver hat – aber für den Fall, dass Sheriff Talbot sich einbilden sollte, er könnte sie so einfach aufhalten, würde sie diese brauchen. Während sie die Kugeln hinter der Theke herausnimmt, überlegt sie, ob sie eigentlich wirklich dazu in der Lage wäre, jemanden zu erschießen. Bei Talbot könnte sie es sich noch am ehesten vorstellen – er scheint ihr der Schlimmste in der ganzen Stadt zu sein, als Vertreter des „Gesetzes". Sie hat zwar keinen Führerschein, aber fährt besser als die meisten anderen, und sie braucht das Auto heute noch, sollte sie einen attraktiven Mann treffen.	
I / 1.3	Zu Carols Freude betritt Onkel Pleasant, den sie schon lange nicht gesehen hat, den Laden. In Ruhe betrachtet sie den neuen Talisman, den er ihr zeigt. Leider ist er aber noch nicht sauber genug, um als Glücksbringer zu dienen. Mit der Bitte, ihn noch in der Sonne trocknen zu lassen, denkt Carol danach,	

	wie lange sie wohl in der heißen Sonne liegen und austrocknen müsste, um sich von ihrem "Schmutz" zu reinigen. Der Gedanke macht ihr Angst. Als Onkel Pleasant gerade wieder gehen will, bittet ihn Carol, den Kriegsruf anzustimmen – sie will sich von den traurigen Gedanken ablenken und das Wilde in sich spüren, das ihr immer wieder zeigt, dass sie trotz aller Schwierigkeiten noch am Leben ist. So beginnt sie den Ruf und steigert sich immer mehr in das wunderbare Gefühl des Lebendigen.	
I / 1.4	Carol beendet den Kriegsruf, als ein junger Mann mit einer Gitarre den Laden betritt. Sofort hat Carol ihn wiedererkannt: es ist der Mann mit der Schlangenhautjacke, den sie letzten Silvester in New Orleans getroffen hat, als sie dort mit Bertie unterwegs war. Carol erinnert sich, wie sie dem jungen Mann durch einige Bars gefolgt ist, um mit ihm zu sprechen, da er sie fasziniert hat. Diese Begegnung kann kein Zufall gewesen sein, denn sie hat gespürt, hier einen Gleichgesinnten gefunden zu haben. Und nun ist er wieder hier...Carol beschließt, einen Moment abzuwarten, um allein mit ihm sprechen zu können. Dabei betrachtet sie ihn fasziniert und lässt sich auch nicht von Vees Kommentar über ihr „Aufenthaltsverbot" ablenken. Als die anderen zum Bahnhof gehen, sieht sie ihre Chance gekommen.	
I / 1.5	Carol beginnt einen beiläufigen Dialog mit Val, um das Eis zu brechen. Er will aber einfach nicht darauf anspringen und tut sogar so, als kenne er sie nicht. Carol belächelt seinen albernen Versuch, es zu leugnen. Sie fährt allmählich härtere Geschütze auf, indem sie ihn direkt auf die Armbanduhr anspricht, die er damals Bertie gestohlen hat. Sie hat etwas Konkretes gegen ihn in der Hand, und dies wird sie sich zunutze machen, um ihn dazu zu bringen, ihr entgegenzukommen. Vor ihm rekapituliert sie ihre erste gemeinsame Begegnung; er muss doch auch spüren, dass es kein Zufall sein kann, dass sie sich nun wiedertreffen. Es ist offensichtlich, dass sie zusammen sein sollen – wenn auch nur kurz. Daher lädt sie ihn schließlich direkt ein, mit ihr „auf Fahrt zu gehen", was Val aber ablehnt, auch auf sein Alter bezogen. Das versetzt Carol einen Schock, denn sie ist bereits älter als er und spürt, dass sie	

39

	vielleicht nicht mehr lange so weiter machen kann. Vees Kommentar, dass ihr Lebensstil ihren Vater ins Krankenbett gebracht hätte, tut sein übriges dazu. Nach außen lässt Carol sich nichts anmerken, doch innerlich ist sie verletzt.	
I. / 1.6	Die Ankunft von Jabe und Lady betrachtet Carol gleichgültig und in Gedanken versunken. Sie hat es satt, sich ständig wegen ihrem Vater schuldig zu fühlen. Zudem scheint es nicht leicht zu werden, Val für sie zu gewinnen. In ihre Gedanken schleicht sich, als sie Jabes Klopfen von oben hört, die Erinnerung an ihr Erlebnis als kleines Mädchen, als sie die Toten zum ersten Mal hörte.	
I. / 1.7	Den Gedanken an den Kontakt mit den Toten muss sie laut aussprechen, so sehr beeindruckt sie die Erinnerung. Danach fällt ihr allerdings wieder ein, warum sie eigentlich noch hier ist, und sie rafft sich auf, um einen weiteren Versuch bei Val zu starten. Sie will ihn unbedingt mit sich nehmen, da er ihr sehr gefällt und sie sich ihm auf eine seltsame Art und Weise verbunden fühlt. Er weigert sich allerdings immer noch. Das Geschwätz der Frauen nimmt einen derart bösartigen Ton an, dass Carol irgendwie darauf reagieren muss und an seine Ähnlichkeit mit ihrem eigenen Wesen appelliert, um einen Verbündeten gegen die Kleinstädter zu gewinnen. Als Val sie nicht unterstützen will, erzählt sie ihm die Geschichte ihrer politisch aktiven Zeit, die so frustrierend endete. Sie will ihm beweisen, zu was die Menschen in der Stadt fähig sind, wenn man keine Unterstützung gegen sie erhält. Im Sog ihrer Erzählung kommen all ihre Frustrationen und Ängste wieder hoch. In diesem Zustand ersucht sie Val, sie auf den Friedhof zu begleiten, wo sie wieder die Stimmen der Toten hören will. Sie verlässt den Laden, mit dem Gefühl, dass Val ihr nach dieser Geschichte folgen muss.	
I. / 1.8 – 1.10		Ihr Gefühl hat sie nicht getäuscht: kaum hat Carol den Laden verlassen, kommt Val hinter ihr her. Sie lädt ihn ein, mit ihr ein Stückchen durch die Stadt hinauszufahren. Er willigt ein. Sie fährt mit ihm bis zum Friedhof; dort angekommen, nimmt sie ihn an der Hand und setzt sich mit ihm auf den Zypressenhügel zwischen die Grabsteine, mit einer Flasche Whiskey. Val schweigt die meiste Zeit über; als er

		auch keine Anstalten macht, sie zu berühren, bleiben beide einfach still nebeneinander sitzen. Nach einer Weile beginnt Carol, ihm davon zu erzählen, wie die Toten mit ihr sprechen. Sie erzählt weiter über die Rituale der Chocteau-Indianer und die Nächte am Lagerfeuer der Plantagenarbeiter. Die schmerzhaften Teile ihrer Biographie spart sie aus, um ihn nicht abzustossen. Val hört aufmerksam zu, spricht aber kaum; nur manchmal lässt er einen Satz über seine Kindheit in den Hexensümpfen von Bayou fallen. Es hört sich für Carol nach einem magischen Ort an. Als die junge Frau mit ihren Erzählungen zu einem Ende kommt, bittet Val sie höflich, aber bestimmt, ihn wieder zurückzufahren. Carol willigt ein, da sie zum ersten Mal seit langem mit jemandem reden konnte. Sie verlassen den Friedhof.
I. / 2		Carol setzt Val vor dem Laden ab; als er sagt, sie solle auf sich aufpassen, lacht sie nur und fährt davon. Sie lenkt ihren Wagen auf die Autobahn und fährt bis zu einem nahegelegenen Schnellimbiss, da sie seit dem Morgen nichts mehr gegessen hat. Ein junger Mann, der dort an der Bar sitzt, zieht ihre Aufmerksamkeit auf sich. Als sie ins Gespräch kommen, schlägt Carol nach wenigen Minuten unverblümt vor, „woanders" hinzufahren. Er sieht zwar nicht so gut aus wie Val und ist nicht so interessant, aber sie möchte heute nacht nicht alleine sein. Er willigt ein und kommt mit ihr zum „Wildwood"-Motel, wo ihr der Besitzer das übliche Zimmer zuweist. Während sie mit dem Mann schläft, muss sie plötzlich an Val und ihre Zeit auf dem Friedhof denken. Dies lenkt sie so ab, dass sie das Ganze abbrechen möchte, aber ihr Verehrer lässt sich nicht abwimmeln und drückt sie mit Gewalt zurück auf das Bett. Mit zusammengebissenen Zähnen erträgt Carol den Rest. Als er ihr danach Geld geben will, wirft sie es ihm entrüstet vor die Füße und läuft schnell zu ihrem Wagen. Auf der Autobahn nach New Orleans steigen ihr Tränen in die Augen, sie schluckt diese aber mit einer Portion Whiskey herunter und fährt weiter.
II. / 1.1		Carol wacht mitten in der Nacht auf der Couch in Berties Apartment aus einem Alptraum auf, in dem sie Vals blutüberströmte Jacke in den Händen hielt. Sie wirft sich nur einen Mantel über ihr Nachthemd, setzt sich in ihr Auto und fährt los. Sie hält kein einziges Mal an, obwohl der starke Sturm ihre Fahrt beeinträchtigt und ihr sogar das Verdeck abreißt. Trotzdem lässt sie sich nicht aufhalten – sie ahnt, dass Val etwas Schlimmes bevorsteht, wenn sie

		ihn nicht warnt. Endlich im Ort angekommen, müde und benommen von der langen Fahrt, schlägt ihr eine Welle der Feindseligkeit entgegen. In ihrem Zustand fühlt sie sich sehr angreifbar und verletzlich, als die Leute auf der Strasse ihr üble Bemerkungen hinterher rufen und sich langsam zusammenrotten, um ihrem Wagen zu folgen. Als sie in die Tankstelle einfährt, bemerkt sie, wie die Frau des Tankwarts im Gebäude aufgeregt mit ihrem Mann spricht und danach die Markise herunterzieht. Carol wartet in ihrem Auto auf die Bedienung, aber es kommt niemand. Stattdessen versammeln sich die herbeigelaufenen Kleinstädter um die Tankstelle und starren sie an.
II. / 1.2		Carol spürt die Meute in ihrem Nacken. Da sie nicht weiß, was sie tun soll, wenn sie kein Benzin bekommt, sie aber auch dringend mit Val sprechen muss, beginnt sie lautstark zu hupen, um ihrer Verzweiflung Luft zu machen.
II. / 1.3		Carol steigt schließlich aus ihrem Wagen und sucht sich einen Weg um die Menschenmenge herum, die sie weiterhin anstarrt. Sie will die Straße überqueren, um sich vom Apotheker Dubinsky einige Beruhigungspillen zu holen, da ihr der Alkohol ausgegangen ist. Vor dem Eingang der Apotheke bleibt sie aber stehen, da ihr die Menge weiterhin gefolgt ist und sie wie ein fremdartiges Tier im Käfig begutachtet. Carol spürt, dass sie sofort mit Val sprechen muss, bevor ihre Kräfte sie verlassen – sie dreht sich um und bahnt sich ihren Weg zurück durch die Menge, die halb belustigt, halb widerwillig den Weg freimachen. Sie betritt die Kurzwarenhandlung.
II. / 1.4	Dolly und Beulahs Anwesenheit irritiert Carol, doch sie hat keine Kraft für eine direkte Konfrontation. Sie ist verzweifelt wegen der Feindseligkeit der Kleinstädter; ihre Müdigkeit und Angst um sich und Val schwächen sie und lassen sie sich nur unklar ausdrücken. Sie möchte mit Val allein sein, da nur er sie verstehen wird.	
II. / 1.5	Nachdem die beiden Frauen von Lady hinaus-geschickt wurden, bringt Carol ihr Anliegen vor, mit Val sprechen zu müssen. Sie lässt sich auch von dem bevorstehenden Auftauchen ihres Bruders nicht abhalten – vorher muss sie Val die dringende Nachricht zukommen lassen.	
II. / 1.6	Als Lady sie endlich allein gelassen hat, betrachtet sie Val lange. Er erinnert sie ein bisschen an Peter, von dem sie schwanger war. Sie spürt, dass Val ihr	

	helfen könnte, da er ein genauso freies Leben wie sie führen möchte – diese Ahnung macht sie jedoch ihm gegenüber beinahe schüchtern und unsicher. Schließlich sagt sie ihm ehrlich, dass sie seine Nähe braucht. Als er ihr schonungslos ihre eigene Fragilität vor Augen führt, ist Carol so geschockt durch die Wahrheit, dass sie zum ersten Mal ehrlich ausspricht, wie einsam sie ist und warum sie tut, was sie tut. Auch spricht sie von ihrer Unfruchtbarkeit. Als sie bemerkt, wie offen und verletzbar sie sich gemacht hat, ohne von Vals Zuneigung Gewissheit zu haben, wird sie verzweifelt und wütend. Sie hat Angst, dass er in dieser schrecklichen Umgebung wird wie alle anderen und seine Schönheit und Wildheit verliert. Seine Zurückweisungen treffen sie so hart, dass sie weinen muss.	
II. / 1.7	Ihrem hinzukommenden Bruder David gegenüber ist sie wie betäubt vor Traurigkeit. Unterdessen hofft sie noch, Val würde seine Meinung ändern und mit ihr kommen. Als er es nicht tut, resigniert sie und geht hinaus, um Val nicht länger in seiner "Strafgefangenenuniform" sehen zu müssen.	
II. / 1.8		Carol setzt sich in Davids Wagen und starrt wie betäubt auf das Armaturenbrett vor ihr. Wieso kann Val nicht verstehen, dass sie zusammengehören? Und warum tut sie sich das eigentlich alles an, mit den zahllosen Männern, den schmutzigen Motels und den billigen Bars?
II. / 1.9		Sie bemerkt kaum, wie aufgewühlt David ist, als er sich in den Wagen setzt und losfährt. Lange Zeit schweigen beide.
II. / 1.10 - 2		Der Wagen fährt auf die Autobahn. David verspricht ihr, nach einer langen Zeit des Schweigens, den Wagen nach New Orleans nachzusenden. Er fragt sie, was sie wieder hier wollte; Carol will aber nicht darüber sprechen. Stattdessen fragt sie ihn, warum er Lady damals verlassen hat. Zum ersten Mal spricht David offen über seine damaligen Ängste und Gewissensbisse. Carol hat das Gefühl, einmal nicht nur die kleine Schwester, sondern die Vertraute ihres Bruders zu sein. Ohne ihn zu verurteilen, hört sie seine Geschichte an.
III. / 1		Carol erwacht nach einer durchzechten Nacht in einem fremden Zimmer in New Orleans. Neben ihr liegt der Mann, den sie gestern in einer Bar aufgelesen hat. Während sie dem Schnarchen des Mannes lauscht, wird ihr bewusst, dass sie genau das Gleiche tut, seit sie 14 Jahre alt ist. Bald

		ist ihr 31. Geburtstag. Wann will sie damit aufhören? Leise zieht sie sich ihre Kleider an und schleicht sich aus dem Zimmer. Sie wird einen letzten Versuch machen, Val zu gewinnen; er ist der einzige Mann, für den sie seit Jahren echte Liebe empfindet, das spürt sie jetzt deutlich.
III. / 2		Auf der Autobahn wird sie von einer Polizeistreife angehalten. Die Polizisten kennen sie bereits und fragen ungehalten, warum sie sich wieder hier blicken lasse, obwohl sie nicht mal einen Führerschein habe. Als Carol, die schnell zu Val möchte, eine patzige Antwort gibt, wird sie von den Polizisten in den Streifenwagen eskortiert und in die Kleinstadt gefahren, ihr Wagen wird beschlagnahmt.
III. / 3.1 – 3.2		Man hat Carol auf der Polizeistation verhört und in eine Arrestzelle gesteckt, da sie sonst wieder in ihren Wagen springen und flüchten würde. Sie wartet ungeduldig darauf, ihren Bruder anrufen zu können, damit er bei der Polizei Druck macht. Schließlich erscheint Sheriff Talbot. Er spricht ungewöhnlich freundlich mit Carol und teilt ihr mit, dass Val heute abend die Stadt verlassen müsste und sie beide mit Carols Wagen fahren könnten. Carol ist froh: Val scheint verstanden zu haben, dass er nicht hierher gehört und wird mit ihr kommen. Nachdem Talbot sie aus der Zelle entlassen hat, geht sie direkt zur Kurzwarenhandlung.
III. / 3.3	Carol betritt den Laden, um Val abzuholen. Sie wundert sich, dass er noch nicht abreisebereit ist und dass Lady nichts von seinem Abschied weiß, doch kann dies ihre Hoffnung nicht trüben.	
III. / 3.4	Als Onkel Pleasant erscheint, bittet sie ihn um den Kriegsruf; für sie ist es eine Art Triumphschrei über die Masse der schrecklichen Menschen, die sie bald mit Val für immer verlassen wird. Sie geht, um in ihrem Wagen auf ihn zu warten.	
III. / 3.5- 3.7		In ihrem Wagen wartet Carol freudig auf Vals Ankunft. Sie malt sich aus, mit ihm in die Hexensümpfe zu gehen und dort in der Natur zu leben. Je länger sie wartet, desto unruhiger wird sie jedoch. Was, wenn nun wieder etwas dazwischenkommt oder er es sich anders überlegt hat. Plötzlich hört sie Schüsse und Schreie aus dem Laden, bevor Jabe auf die Straße humpelt und schreit, Val hätte seine Frau ermordet. Noch bevor Carol aus dem Auto steigen kann, stürmt eine Menschenmenge den Laden und zerrt Val vor ihren Augen die Straße entlang. Sie hört, wie die Bluthunde von der Polizeistation heulend herbeilaufen und sieht noch, wie Val sich losreißt, um zu flüchten.

III. / 3.8		Völlig paralysiert und unfähig, etwas zu tun, nähert sich Carol dem Laden.
III. / 3.9	Erst im Laden kann sie den Mund öffnen, um zu schreien, obwohl sie weiß, dass es zu spät ist. Sie hat ihn entgültig verloren, aber sie realisiert es noch nicht ganz. Erst als Onkel Pleasant mit der zerrissenen Jacke erscheint, weiß sie es; es ist das Bild, das sie im Traum gesehen hat. Schnell tauscht sie die Jacke gegen ihren Ring, um wenigstens etwas von Val zu behalten. Es wird ihr klar, dass sie wahrscheinlich nie hätten zusammensein können; sie beide waren zu frei, als dass sie einen anderen Menschen an sich heranlassen könnten. Nun begreift Carol, dass sie ihr Leben lang ausgegrenzt und auf der Flucht sein wird, ohne einen anderen Menschen. Die Vorstellung ringt ihr ein verzweifeltes Lachen ab, während sie, trotz Sheriff Talbots Drohung, den Laden verlässt.	

IV.) Die Funktion der Figur innerhalb der Gesamthandlung

Sie sind in Gefahr! Sie haben die Jacke aus Schlangenhaut ausgezogen, die zu sagen schien: „ich bin wild, ich bin allein!" und haben die schicke blaue Uniform eines Sträflings angezogen...

Carol zu Val in „Orpheus steigt herab"[106]

Und übrigens finde ich es großartig, dass dieses wilde Mädchen ihrem Bruder so viele Scherereien macht!

Lady über Carol in „Orpheus steigt herab"[107]

Carol Cutrere ist eine sehr komplexe Figur, weswegen sie auch in der Figurenkonstellation eine extreme Position einnimmt. Für die Kleinstadtbewohner ist sie die „Herumtreiberin", der Inbegriff einer unmoralischen, verdorbenen Person mit egozentrischer Lebensführung fernab jeglicher Werte – sie ist also der „Buhmann" der Stadt, auf den die Bewohner ihre eigenen Frustrationen und vor allem ihre Ängste vor der Selbstständigkeit, der Individualität, vor verborgenen Sehnsüchten und sexuellen Bedürfnissen projizieren und an ihr abreagieren. Da sie aber eigentlich ein missverstandener, sehr mitfühlender und empfindsamer Mensch ist, drängt sich hier der Eindruck einer Märtyrerin auf, die zusätzlich zu ihrer gesellschaftlichen Ausgrenzung (aus einer fragwürdigen Gesellschaft) mit ihren eigenen Gewissensbissen und Enttäuschungen büßt.

In der Figurenkonstellation ist sie auf der anderen Seite, bei den Außenseitern, zwar eine Gleichgesinnte, die sich nicht unterordnen möchte und kann, die aber gleichzeitig die Konstellation stört. Mit ihrer Zuneigung zu Val wird sie von Lady als Konkurrentin betrachtet; Val selbst hatte sich

---

[106] Tennessee Williams: „Orpheus steigt herab", S.109
[107] Tennessee Williams: „Orpheus steigt herab", S.104

vorgenommen, den Weg, den Carol eingeschlagen hat, zu verlassen, und kann sich trotz seines Verständnisses für sie nicht auf sie einlassen. Zudem geht Carol offen die Probleme der Außenseiter an, wenn sie von der modernen Welt als etwas Krankem spricht und sie Val vorwirft, er würde seine Wildheit verlieren. Diese Art von Offenheit schmerzt immer, vor allem Carol selbst, die sich auch keinen Ausweg aus der Lage weiß. Hier liegt ihre Funktion ebenfalls in der des „Buhmanns", jedoch anders geartet. Carol erinnert die Außenseiter stets an ihren Status und ihre Andersartigkeit, was man jedoch auch positiv als Ermahnung an die Individualität und das Nicht-Aufgehen in der eigentlich unmoralischen Masse deuten kann.

Carol dient also in ihrer kompromisslosen Lebensweise und Suche nach Selbstverwirklichung - wenn auch auf selbstzerstörerische Weise - den einen als mahnendes Beispiel, den anderen als Spiegel ihrer Suche nach Eigenständigkeit und Liebe. Hier liegt die Grundfunktion ihrer Figur.

V.)Aussage der Figur – "Lebe, lebe, lebe!"

Ja, was [bleibt] wohl! Die trivialen Zerstreuungen unser täglichen und nächtlichen Existenz, mit denen wir die gedämpften Schritte unseres nahenden Endes zu übertönen suchen?
Tennessee Williams, „Memoiren"[108]

Dann geht fort, bevor du zerbrichst, Mädchen...
Val zu Carol in „Orpheus steigt herab"[109]

Wie bereits im vorherigen Kapitel erwähnt, definiert sich Carol vor allem über ihre kompromisslose und unangepasste Lebensweise. Ihr Lebensmotto lautet „Lebe!", mehr im Sinne von "überlebe, trotz aller Widrigkeiten!", aber auch: „Sei ehrlich und nimm dir, was du bekommen kannst!" Durch dieses Ausschöpfen der Möglichkeiten hofft sie, ihre Einsamkeit zu übertönen, auch wenn es sie zum Leiden verurteilt. Keine andere Figur geht diesen Weg so zielstrebig wie sie – gerade durch die Verneinung einer kompromisslosen Haltung werden Val und Lady zu Opfern, die erst durch den Tod ihre Läuterung erfahren. Carol scheint in ihrer Lebensführung auf Basis einer Selbstzerstörung, wie sie sie vor allem psychisch betreibt, den konsequentesten Weg zur Individualität zu sehen. Die Individualität muss um jeden Preis ausgelebt und verteidigt werden, auch wenn man selbst daran zerbricht. Wenn sie also schon nicht im Namen der Nächstenliebe und „wilden Güte" ihr Leben führen darf, dann wird sie das andere Extrem vollends ausschöpfen. Die Aussage der Figur stützt sich also vor allem auf zwei Punkte: einmal auf das Voranstellen der Individualität und Lebensauskostung um jeden Preis, zum anderen auf die naturgegebene Ethik des einzelnen, die aber in der Gesellschaft der „kranken" modernen Welt nicht zur Entfaltung gelangen kann. Daher muss auch diese Energie in der kompromisslosen Lebensführung kanalisiert werden. So schwankt die Aussage von Carols Figur zwischen einer hedonistischen und einer altruistischen Lebensansicht, die sich gegenseitig bedingen,

---

[108] Tennessee Williams: „Memoiren", S.312
[109] Tennessee Williams: „Orpheus steigt herab", S.108

46

obwohl sie sich widersprechen sollten. Gerade dieser Widerspruch macht die Figur zu einer der interessantesten in Williams´ Werk.

VI.)Botschaft der Figur – Ein Appell an die eigene Vision

Da ich ein Sinnengeschöpf bin – warum sage ich wohl "Geschöpf" und nicht "Mensch"? – werde ich, während ich warte, fortfahren, das zu tun, was ich tue.

Tennessee Williams, „Memoiren"[110]

So, jetzt habe ich Ihnen meine Geschichte erzählt.

Carol in „Orpheus steigt herab"[111]

Tennessee Williams hat Angriffe von Kritikern gegen sein zu persönliches Schreiben stets mit dem Argument erwidert, „dass jede schöpferische Arbeit persönlich sein muss"[112]. Auch in diesem Werk lassen sich deutliche Bezüge zu Williams´ persönlicher Aussage, die sich in jedem seiner Stücke und auch seiner Biographie findet, feststellen. Besonders mit der Figur Carols scheint er viele Gemeinsamkeiten aufzuweisen, weswegen ihre Botschaft eng mit seiner eigenen verknüpft ist. Ihre Figur ermutigt den Leser und Zuschauer vor allem dazu, seine eigenen Moralvorstellungen zu hinterfragen. Ist in diesem Fall nicht viel eher als Carol die Gesellschaft die unmoralische Instanz, die eine junge Frau in ihrem höchst ethischen Verhalten nicht unterstützt hat und sie zu dem machte, was sie ist? Auch im Bezug auf Liebe und Sexualität wird man nach der Begegnung mit der Figur mit einigen Fragen konfrontiert: wo verläuft eigentlich die Grenze zwischen rein körperlicher und echter Liebe? War ich selber schon in Situationen, in denen ich beide miteinander verwechselt habe, und habe ich daher das moralische Recht, andere deswegen anzuklagen? Besonders wichtig erscheint mir jedoch die bereits im biographischen Teil angeführte Botschaft der Individualität. Carol steht zu dem, was sie tut, und auch dazu, dass es ihr Probleme bereitet. Aber sie ist nicht dazu bereit, sich einer Gesellschaft anzupassen, die sie als unmoralisch und „wert-los" empfindet, so dass sie lieber den Weg der Ausgestossenen wählt als sich und ihre Ideale zu verleugnen. Ähnliches hat Williams getan, indem er sich lieber zum unbequemen Zeitgenossen abstempeln ließ als über Missstände und Probleme zu schweigen. Carol Cutrere kann uns allen zeigen, wie stark ein Mensch für seine Vision der Welt kämpfen kann – und selbst, wenn er scheitert, hat er es wenigstens versucht. Vielleicht liegt allein im Versuch ein echter Lebenssinn.

And what costume shall the poor girl wear / To all tomorrow's parties / A hand-me-down dress from who knows where / To all tomorrow's parties / And where will she go and what shall she do / When midnight comes around / She'll turn once more to Sunday's clown / And cry behind the door

---

[110] Tennessee Williams: „Orpheus steigt herab", S.313
[111] Tennessee Williams: „Orpheus steigt herab", S.82
[112] Tennessee Williams: „Memoiren", S.237

47

Bibliographie

Literatur

Tennessee Williams: „Plötzlich letzten Sommer. Orpheus steigt herab.“; Fischer Bücherei, Frankfurt 1960

Tennessee Williams: „Endstation Sehnsucht“, Fischer Taschenbuch Verlag, Frankfurt 1989

Tennessee Williams: „Sommerspiel zu dritt. Erzählungen“, Fischer Verlag, Frankfurt 1962

Tennessee Williams: „Memoiren“, Fischer Taschenbuch Verlag, Frankfurt 1979

Christian Jauslin: „Williams“ aus der Reihe „Dramatiker des Welttheaters“, Deutscher Taschenbuch Verlag, München 1978

Franz H. Link: „Tennessee Williams´ Dramen. Einsamkeit und Liebe.“, Thesen Verlag, Darmstadt 1974

Internet

Wikipedia-Eintrag „Tennessee Williams“: http://de.wikipedia.org/wiki/Tennessee_Williams ; aufgerufen am 02.09.2009

Englischsprachiger Wikipedia-Eintrag „Tennessee Williams“: http://en.wikipedia.org/wiki/Tennessee_williams ; aufgerufen am 02.09.2009

Wikipedia-Eintrag „Eugene O´Neill“: http://de.wikipedia.org/wiki/Eugene_O´Neill; aufgerufen am 02.09.2009

Lightning Source UK Ltd.
Milton Keynes UK
UKHW011158200821
389175UK00001B/82

9 783640 582044